KB202406

'나답게' 살기 위한 열두 숨의 명상수업

반려명상

성소은 지음

"나는 생각한다. 고로 나는 존재한다.(Cogito, ergo sum.)"
유명한 르네 데카르트René Descartes의 말이다.
"나는 기도한다. 고로 나는 존재한다.(Oro, ergo sum.)"
종교철학자 닐스 페레Niels Ferré의 말이다.
"나는 명상한다. 고로 나는 존재한다.(Meditor, ergo sum.)"
이 책의 저자 성소은이 함직한 말이다.

저자는 강조한다. 명상하기 전에는 우리가 살아도 정말로
사는 것이 아니라고. 명상을 통해서 비로소 우리는 '껍데기 나'의

상태에서 벗어나 '진짜 나'를 발견할 수 있고, 그에 따라 진정한 의미의 존재가 확고해진다는 것이다. "나는 명상한다. 고로 나는 존재한다."라는 명제가 실감날 수밖에 없다.

이 책은 명상이란 무엇인가, 왜 명상해야 하는가, 어떤 종류의 명상이 있는가, 어떻게 하는 것이 좋을까, 일상이 어떻게 명상이 될 수 있는가, 명상하면 어떤 일이 생기는가 등등 가히 명상에 관한 거의 모든 것을 다루고 있다 해도 과언이 아니다. 일반적으로 명상에 관한 책들은 주로 종교 전통에서 가르쳐주는 고전적인 '명품명상'을 다룬다. 그러나 이 책은 인도의 라자요가나 동아시아의 참선 같은 명품명상뿐 아니라, '명상은 특별한 게 아니다'라는 전제 하에 일상의 모든 것이 명상에 도움을 준다면서 하나하나 일러주고 있다.

명상이 특별한 것이 아니라고 하는 근거는 무엇인가? 저자는 우리가 마음을 한 곳으로 모은다면 그것이 곧 명상이라고 말한다. 구름도, 한숨도, 걷기도, 혼자 있음도, 아로마 향기도, 음악도, 그림도, 초콜릿이나 사탕도, 글쓰기도, 철학도, 심리학도, 뇌과학도, 양자역학도 모두 "파도처럼 요동치는 마음을 한곳에 모을 수 있다면 무엇이고 명상이 될 수 있다."고 한다. 영어로 이른바 "onepointedness of mind" 혹은 "mindfulness"가 가능하다면 그것이 곧 명상이라는 것이다.

더욱 놀라운 것은 특정 시간을 정해 명상할 수도 있지만,

시도 때도 없이 명상할 수도 있다고 하는 사실이다. 호흡명상의 경우, "노트북에 전원을 넣고 부팅을 기다리는 순간, 3분 후에 도착할 지하철을 기다리면서, 운전하다가 빨간 신호등에 멈춰 섰을 때, 주전자의 물이 끓기를 기다리면서, 키오스크로 김밥을 주문하고 음식이 나올 때까지, 호흡에게 문자를 보내보면 어떨까?" 이런 식으로 접근하면 명상이 점점 가까워지지 않겠는가?

저자는 오래전 선방禪房에서 시작해 그동안 꾸준히 계발해 온 명상수행 방법을 PaTI 디자인대학 수업을 통해 학생들에게 소개했고, 이제 그것을 더 널리 나누려고 한다. 학생들도, 일반 독자들도 이 책을 통해 '나다운 나'를 발견하고 더욱 풍요로운 삶을 향해 나아갈 수 있을 것으로 기대하며 반갑게 추천한다.

캐나다 밴쿠버에서
오강남

나
답
게
'
멋
지
게

명상은 눈(雪)과 같다. 소리 없이 세상을 바꾸는 눈처럼 매일의 명상이 차곡차곡 쌓이면서 수행자의 삶이 하얗게 달라진다. '반려명상'의 조용한 힘이다. 보여줄 수 없는 가능성의 실체를 오감五感으로 알게 하고, '그 존재'가 나와 평생 함께 할 파트너로 손색이 없음을 실감하게 하는 것, 12주간 진행되는 〈명상과 수행〉 수업의 과제이자 스스로 부여한 특명이다. 이 수업은 명상이 유난한 사람들만 하는 특별한 것이 아니며, 우리의 일상을 에워싸고 있는 온갖 것들이 어떻게 명상이 될 수 있는지 함께 생각하고, 이야기하고, 직접 수행한다.

그날이 그날 같은 일상에 색다른 기쁨이 일렁이고,
시시각각 잔잔한 의미가 더해지는 반려명상의 경험을
글로 정리하려던 차에 한 4년제 디자인(멋짓)전문
대안대학교(배곳)에서 수업 요청을 받았다. 2020년부터 다른
대학에는 없는 파격적인 필수과목, 명상수업을 개설한 이 학교는
파주타이포그라피학교(Paju Typography Institute, PaTI)[1]다.
정식 교과과정으로 자리매김한 명상수업은 이십 년간 이어온
명상수행의 열매를 나누고 승僧과 속俗의 경계를 허무는 즐거운
실험장이 되었다. 디자인 학교에서 섬세한 감각을 지닌 학생들과
각자의 삶을 디자인하는 여정은 즐거움이었다.

이 책은 감각과 호흡을 이용해 내 몸과 마음, 감정과
욕망을 이해하고, 적극적인 홀로있음을 연습하면서 문학과
예술, 철학, 고전과 과학이라는 인류가 남긴 지성의 흔적이
어떻게 나를 비추는 거울이 될 수 있는지 함께 경험해 보자는
말 걸기이다. 허다한 것을 느끼고 아는 감각이 어떻게 명상과
맞닿아 있고, 일상을 이롭게 하는지 '각자의 반려명상'으로
실험해 보면 어떨까? 마지막에 마련된 「독자노트」에 직접
나만의 명상 정의를 넣은 '나의 명상 이야기'를 써봐도 좋겠다.
빈 공간이 '벗님'의 수행 후기로 채워진다면 더할 나위 없다.
아직은 낯선 명상이지만 조금씩 가까워질 수 있도록 각 장마다
짧은 '반려명상' 사례를 담았다. 이 글들은 조선일보에 연재된

〈5분 명상〉 칼럼에서 일부를 가져왔다.

　　삶의 중심이 된 명상이 길어 올린 유익은 세상의
다양성과 인간의 복잡성만큼이나 헤아릴 수 없고 구체적이다.
'PaTI'라는 멋진 도전을 이어가는 날개 안상수 선생님과 그
도전에 흔쾌한 응전으로 싱그러움을 더하는 배우미들 덕분에
엮어낼 수 있었다. 〈명상과 수행〉 교실에서 '나다움'을 찾아
뚜벅뚜벅 걸어가며 여정의 단맛과 쓴맛을 함께 나눈 '모든
MZ세대들'에게 각별한 고마움을 전한다.

　　명상은 자기다움을 찾고, 자기다운 삶을 디자인하는
탁월한 도구다. 이제 열두 숨의 명상을 교실 밖으로 내보내려
한다. 책을 통해 만나는 길벗들이 너나없이 자신만의 명상을
내면화해 일상을 '나답게' 살아낼 용기와 자유를 얻을 수 있게
된다면 위없는 기쁨이다. 다시없을 딱 한 번뿐인 인생이다.
나답게, 멋지게 살아보자.

파주타이포그라피 학교(PaTI, 이하 '파티')는 2013년 파주출판도시에 디자이너 안상수('날개')를 비롯한 여러 디자이너가 뜻을 모아 세운 디자인전문 대안 대학교다. 지난 십여 년간 인문정신과 미래가치에 바탕을 둔 창의교육을 위해 다양한 학제가 융합된 색다른 커리큘럼을 시도해왔다. 파티에는 소유, 경쟁, 권위가 없다. 무소유(공동체 삶에 이바지하는 정신), 무경쟁(자발성에 기초한 창조성과 협력적 가치), 무권위(상호 존중과 배려, 대화에 기초한 민주주의 배움터 지향), 소위 3무 정신이다. 이처럼 유연하고 진취적인 파티의 교육시스템은 디자인 분야를 넘어 교육계 안팎으로 주목을 끌고 있다. 2017년 12월 KBS 다큐멘터리 〈4차 산업혁명시대의 교육-1부 세상에 없던 대학〉에서 하나의 사례로 방송되었다.

차례

"모든 게 다 잘되어 가고 있습니다."
오늘 맞이할 모든 순간들을 미리 긍정하고 받아들일 준비를 합니다.

첫
숨

부
족
함
과 온
전
함 사
이

부족함과 온전함 사이

"명상은 멍때리는 거랑 같은 건가요?"
수업 첫날 한 남학생이 질문했다. 순간 깨달았다. '아, 명상은
이렇게 막연한 것이구나' 하고. 언제부터인가 명상이 슬그머니
종교 담장을 넘더니 인스타그램에서도 뜨는 아이템이 되었다.
유명세를 얻고 있지만 실체가 드러나지 않은 무엇, 그것이
명상의 현주소라는 자각이었다. 사탕처럼 입안에 넣자마자 알
수 있는 달콤함이 있는 것도 아니고, 한눈에 반할 '비주얼'이
있는 것은 더더욱 아니니 명상의 아리송함은 타고난 운명이다.
감각적인 쾌락이 환영받는 자본화된 사회에서 명상은 그렇게
'신비주의 연예인'이 되었다.

　선禪 명상을 하면서 알게 되었다. '부족한 나(ego)' 안에는
'온전한 나(참나)'가 있다는 놀라운 사실을. '겉나'는 이 생을
경험하는 주체다. 처음 살아보는 것이니 서툴고 어설프기
나름이다. 좌충우돌 열심히 사는데 여기저기 상처투성이다.
나는 '겉나'가 다가 아니었다. 이제 슬슬 '또 다른 나'가 등판할
타임이다. 그 속에 숨은그림처럼 반짝이는 '속나', 온전한 내가
있었다. 그것은 삼십 대 중반, 심연深淵으로 향한 여행에서 찾은
보석이다. 사시사철 회색 옷만 입는 절집으로 출가수행을 했던
터라 이 기쁜 소식을 바랑에 넣고 신나게 컬러풀한 세상으로

되돌아왔다. 달뜬 마음은 오래가지 않았다. 명상수행이 침묵을 공부한 '수행 시즌1'이었다면 환속은 세상의 언어를 공부해야 하는 '수행 시즌2'였다.

어느 날 임마누엘 칸트Immanuel Kant(1724~1804)의 한 마디가 목에 걸렸다. "내용 없는 사유는 공허하고, 개념 없는 직관은 맹목적이다." 꼭 나 들으라고 한 말 같다. 이성이냐 경험이냐를 놓고 양대 진영으로 갈린 이천 년 서양철학의 한계를 한 문장으로 통합시킨 칸트의 통찰이다. 조금 쉽게 풀면 '체험 없는 이성은 공허하고, 이성 없는 체험은 맹목적'이라는 기막힌 균형이다. 제2의 황금률이다. 인간의 지성이 범하기 쉬운 시시함과 감성이 빠질 수 있는 헛헛함을 단단하게 묶어놓은 이 한 구절을 지렛대 삼았다. 심연으로 이끈 명상의 경험을 가지런한 사유로 갈래짓고 나의 이성적 언어로 정리하는 것, 이것을 하지 못하면 여전히 반쪽인 것이다. 지난 이십여 년은 참선수행 중에 체험한 경험을 말과 이성으로 뒷받침하는 시간이었다. 이 문장을 경책警策(좌선할 때 조는 것을 깨우는 데 쓰는 막대기)삼아 나만의 커리큘럼을 만들어 자율학습을 시작했다.

자율학습 시간표

나만의 자율학습 시간표는 총 6교시로 되어있다.

1교시는 '인간이 무엇인지'를 설명하는 진화생물학과 뇌과학이다. 명상은 마음이 경험한 일이니 마음이 세 들어 사는 집, 몸을 이해해야 했다. 몸을 알려면 몸에서 주인 노릇하는 뇌腦를 알아야 했다.

2교시는 '내가 누구'이고, '어떻게 살아야 하는가'를 다루는 철학의 영역이다. "나는 내 삶을 철학의 덕택으로 돌린다. 그렇게 하는 것이 철학에 대한 나의 최소한의 의무다. 철학이야말로 인간에게 좋은 삶을 가르치는 유일한 최고의 것이다." 더할 나위 없이 존엄한 죽음을 보여준 세네카Seneca(BCE 4~CE 65)의 말이다. 동물로 태어난 인간은 스스로의 있음과 있어야 할 이유를 성찰하면서 비로소 '사람'이 된다. 이른바 존재론, 인식론, 윤리학을 다루는 철학은 선방만큼이나 신나는 놀이터다.

3교시는 자연스럽게 심리학으로 이어진다. 인간의 마음과 행동의 상관관계를 설명하는 심리학은 나를 보게 하는 또 다른 성능 좋은 거울이다. 심리학도 다양한 분야가 있지만 나의 자율학습은 학부 시절에 보았던 토머스 해리스Thomas A. Harris(1910~1995)의 교류분석심리로 시작해 프로이트Sigmund

Freud(1856~1939)의 정신분석과 칼 융Carl G. Jung(1875~1961)의 분석심리, 켄 윌버Ken Wilber(1949~)의 통합심리학으로 이어졌다. 개인의 특별한 정서와 정신을 개별적으로 다루는 심리치료는 명상에 깊이를 더한다.

4교시는 현대물리학이다. 너무 작아 '있다 없다'로 잘라 말할 수 없는 미시세계를 드러내는 양자물리학과의 조우는 식곤증을 확 날려버리는 속 시원한 배움이었다. 있음은 없음이고, 없음은 있음인데 이런 말 같지 않은 말이 참말이 되는 것은 없음 속에 꽉 차 있는 에너지의 '묘한 있음' 때문이다. 불가佛家에서 말하는 진공묘유眞空妙有(참된 공空이란 분리된 불변의 실체가 아니라 사물의 다양한 존재 양상의 조합인 연기緣起라는 불교 교리)다. 인간이 발현한 위대한 지성에 절로 고개가 숙여지는 시간이었다.

5교시는 인문학이다. 문학은 인간의 감수성과 상상력이 빚어낸 또 다른 우주다. 너무 큰 바다라 종일 헤엄쳐도 티가 안 나지만 인간 내면의 양면성과 해방, 자연과의 합일, 궁극적 자유를 이야기하는 작가들의 작품은 그 자체가 의미 있는 열림을 제공한다. 페르시아의 수피 루미, 라빈드라나트 타고르, 헤르만 헤세, 권정생, 파울로 코엘료 등을 들 수 있다.

6교시는 음악과 미술로 표현되는 예술이다. 예술은 물질세계의 경계를 뛰어넘는 전환적 경험으로 깊은 내면을 일깨운다. 인간다움의 절정인 '아름다움'을 꽃피우는 미학의 세계는 존재가 향기로 변형되는 연금술이다. 이 모두는 길고 짧은 다른 손가락이지만 한결같이 '온전한 나'를 가리키고 있다. 그리고 부족한 나에 힘들게 머물지 말고 온전한 나로의 여행을 시작하라고 재촉한다. '나'로 시작하는 이 모든 앎과 향유의 즐거움은 살아있음을 찬미하게 한다.

침묵을 언어로 익히면서 말할 수 없는 희열을 맛보았다. 여전히 부족하고, 아직도 해야 할 공부가 산더미처럼 많지만 중간점검 차원에서 자율학습의 요점정리를 '유유遊遊 반려명상'이라는 이름으로 추슬러본다. 해도 해도 끝없고, 할수록 모르는 것이 곱절로 쌓이는 공부의 끝없음에 기가 질리기도 하지만, 구슬을 꿰듯 알아가는 쾌감이 또 한걸음을 내딛게 한다.

무엇보다 늘 곁을 지키는 자연이 있다. 자연이 하는 말을 듣는다. '너도 그냥 자연이야, 그리고 이미 유토피아인걸.'하며 조건 없는 안식과 무한한 안심으로 위로한다. 말 없는 자연의 위대함에 경의를 표하며, 느끼고 알게 된 것들을 되새김해 글로 정리해 보았다. 자율학습으로 얻은 가장 큰 수확은 '감각과 감정'을 긍정할 수 있게 된 것이다.

감각의 힘

불가에서는 안이비설신의眼耳鼻舌身意, '눈귀코입몸뜻'을 번뇌를
일으키는 여섯 뿌리라 해서 육근六根, 마음을 빼앗는다고
해서 여섯 도둑, 육적六賊이라 부른다. 눈이 보는 물질세상은
색(色)이 되고, 귀가 듣는 소리(聲), 코가 맡는 향(香), 혀가 보는
맛(味), 몸에 닿는 느낌(觸), 생각이 닿는 이치(法)가 된다. 여섯
개의 감각이 여섯 가지 대상의 과거·현재·미래가 충돌하면서
백팔번뇌가 일어난다고 풀이한다. 감각을 절대 부정하는 것이다.
감각을 거세하려고 세상과의 인연을 끊고, 무문관無門關에
빗장을 걸어 스스로를 가두는 혹독한 수행을 하는 것도
불필요한 감각의 작용을 원천적으로 차단하려는 것이다. 타협이
없는 만큼 힘 있는 방법이지만 문제는 누구나 가능한 선택지가
아니라는 데 있다.

　　　세속에 몸담고 살면서도 존재의 변화를 꿈꾸고 이룰 수
있어야 한다. 감각을 결박할 수 없다면 반대로 한껏 열어젖혀
보는 거다. 즉, 감각을 최대한 이용하는 선택이다. 여섯 개의
감각은 양날의 칼이다. 마음을 훔치기도 하지만 본성을 일깨우는
것도 이 여섯 감각을 통해서만 가능하다. '눈귀코입몸뜻'을 내
안의 온전함과 아름다움을 돋을새김하는 조각칼로 사용하는
것이다. 감각으로 에너지를 빼앗기는 게 아니라 감각을

섬세하게 연마해 내면의 미세한 꿈틀거림을 알아차리고, 세상의 아름다움을 모으는 일로 사용할 수 있다. 육적을 잘 다루면 비로소 '부족한 나(ego)'를 넘어서 '온전한 나(본성·참나)'로 다시 태어나게 하는 여섯 개의 길, 육도六道가 된다. 감각을 통해야 심연에 닿게 된다. 중요한 것은 '부족한 나'는 고정된 실체가 아니기에 언제고 '온전한 나'로 새로운 자리매김을 할 수 있다는 점이다.

다시 남학생의 질문으로 돌아가 답을 하자면, 명상은 멍때리는 것과 다르다. 멍때림이 이완이라면 명상은 집중이라 그렇다. 전자가 가벼운 쉼이라면 후자는 형질의 변화를 가져오는 연금술이다. 존재의 질적 변화, 삶을 한바탕 크게 들었다 다르게 놓을 수 있는 '있음의 혁명'이다. 명상은 힘이 세다. 버거운 삶을 가볍게 해주니 명상은 즐거움이다. 언제 어디서고 의심할 수 없는 기쁨을 우리는 '자유'라고 한다. 온전한 있음, 유유遊遊(놀 유)하지 않을 수 없다. 그래서 '유유遊遊 명상'이다.

"명상은 멍때리는 것과 다르다.

멍때림이 이완이라면 명상은 집중이라 그렇다.

전자가 가벼운 쉼이라면

후자는 형질의 변화를 가져오는 연금술이다."

아침명상

오늘은 잘 주무셨나요?

　　전날의 고단함과 불편함이 밤새 휘발되었으면 좋겠는데,
그렇지 않은 때도 많은 게 사실입니다. 마음에 들러붙어 있는
걱정거리와 남모르는 고민이 있을 때가 많으니까요. 그렇게 무거운
아침을 맞이할 때를 대비해서 '나만의 아침의식(ritual)'을 세팅해
보면 어떨까요? 저 또한 어제가 어떤 날이었든 예외 없이 아침에
눈을 뜨면서 행하는 아침의식이 있습니다.

　　누운 채로 클래식 FM을 켜고 속엣말로 고백합니다.
"감사합니다." 죽음 같은 잠에서 깨어나 '부활'하게 된 것,
기적처럼 오늘도 생명을 이어갈 수 있게 된 것, 다시 새롭게 살 수
있게 된 것 등에 대한 종합 인사입니다. 그리고 "모든 게 다 잘되어
가고 있습니다."라고 오늘 맞이할 모든 순간을 미리 긍정하고
받아들일 준비를 합니다. 일어나서는 물을 한 잔 마시고 바로
식탁 위에 있는 탁상용 달력을 들고 오늘 날짜에 굵은 빗금을
칩니다. 정확하게 '오늘'을 맞이한다는 인식이자, 그만큼 죽음으로
한 걸음 다가갔다는 나름의 메멘토 모리(Memento mori, 죽음을
기억하라)입니다. 후자를 생각하면 오늘의 무게와

가치가 선명해집니다. 허투루 살 수가 없어집니다. 그리곤 집안의
모든 창들을 활짝 열어 밤새 고인 공기를 밖으로 내보내고 신선한
공기를 안으로 들입니다. 창밖에 걸어 둔 풍경을 세 번 치며 경계
없이 퍼지는 맑은소리를 음미합니다. 이렇게 하는 동안 마음은
저절로 환기가 됩니다. 마지막으로 거실 한 복판에 놓아둔 좌복
위에서 내 삶을 지탱해 주는 세상 만물을 향해 삼배를 드립니다.
몸으로 하는 감사 인사입니다.

　　　　수십 년을 이어 온 아침 의식은 습관이 되었답니다. 그
덕에 전날의 무거운 마음과 어렵지 않게 단절하게 되는 부수
효과를 누리게 됩니다. 여러분은 맨 아침을 어떻게 맞이하시나요?
내일부터는 조건 없이 새날에 미소를 보내보세요. '방긋!' 떠오른
태양처럼 환하게 반기면 오늘 하루가 몽땅 환해질 거랍니다.
과거와 미래가 없는 '오늘뿐인 오늘'을 살아낼 힘이 차오릅니다.
독자 여러분의 오늘을 응원합니다.

나를 향한 미소 한 모금
남을 위한 친절 한 모금
모두를 기억하는 감사 한 모금

커피 한잔하실래요?

두 숨

내가 아는 나, 모르는 나

명상하는 사람들

스티브 잡스, 오프라 윈프리, 레이디 가가, 리처드 기어, 니콜
키드먼, 빌 게이츠, 휴 잭맨, 앨 고어, 이나모리 가즈오, 유발
하라리, 비틀즈 멤버들….

얼굴만 보고 이름만 들어도 누구인지, 어떤 분야에서
자기답게 살았거나 살고 있는지 알 만한 이들이다. IT, 정치,
경제, 언론, 예술, 학문, 영화, 분야는 제각각이지만 이들에게는
하나의 공통점이 있다. 명상러, 모두가 '명상하는 사람들'이다.

서구에서 명상이 붐을 일으키기 시작한 것은 이미
오래된 일이다. 십여 년 전 "월 스트리트에서 명상이 대유행하고
있다"는 《블룸버그통신(Bloomberg News)》의 보도(2014년 5월)
이후 실리콘밸리에서는 매년 마음챙김 행사가 열리고, 21세기
첨단기술을 선도하는 구글은 〈마음챙김 명상법 7주 프로그램〉을
자체 개발해 직원들의 집중력 향상을 돕고 있다. 뉴욕에서는
특별히 개조된 명상버스가 도심을 누비고 바쁜 직장인들이
자투리 시간을 이용해 명상버스를 찾는다. 잠시나마 조용한
명상버스에 앉아 거칠어진 숨결을 고르고 흐릿해진 안심安心을
회복하며 현존現存을 연습한다.

그렇다. 이제 명상은 특정 종교에 속해 특별한 옷을 입은
수행자들의 전유물이 아니라 '모두의 것'이 되었다. 대도시에

사는 현대인들이 명상에 심취하고 있다. 겉보기에 심심하고
재미없어 보이는 명상 속에 무언가 큰 매력이 있는 것이 틀림없다.
아리송한 명상, 도대체 정체가 뭘까?

명상이란?

명상의 역사는 인류의 고대문명만큼이나 오랜 옛날로 거슬러
오른다. 오천 년 전에도 먹고사는 문제를 넘어 삶에 그림자처럼
따라다니는 불안과 죽음이라는 실존적 한계를 직면한 이들이
있었다. 가부좌를 틀고 앉은 소수의 영적 천재들에 의해 묵묵히
이어져 온 명상수행은 기원전 5세기 이후 성문화되기 시작한다.
힌두교의 3대 경전으로 꼽히는 『우파니샤드(Upanishad)』,
『바가바드기타(Bhagavad Gītā)』를 비롯해 기원전 2세기
파탄잘리Patanjali가 정리한 『요가수트라(Yoga Sutras)』에서
명상은 고귀한 자태를 드러낸다.

고대 지혜서의 으뜸이라 할 수 있는 『우파니샤드』는
요가yoga를 명상수련으로 명시한 최초의 경전이다.
우파니샤드는 심오한 가르침을 얻기 위해 제자가 스승에게
'가까이(upa)' 다가가 그 발 '아래에(ni)' 겸허히 '앉다(shad)'는
뜻으로, 깨달은 스승들의 지혜를 모은 문헌이다. 고대 인도인들은

우주와 인간의 근원을 깊이 탐구한 영적 선구자였다. 그들은 이 세상, 현상계의 본질인 근원자 브라흐만Brahman(梵), 본질의 개별화된 존재의 본성 아트만Atman(我)이라는 개념으로 수수께끼 같은 인간의 실존을 꿰뚫고, 고통이라는 문제의 열쇠를 찾았다. 그 열쇠가 명상이다.

브라흐만은 '스스로를 만든 자(sukritam)'다. 으뜸가는 지혜서 『우파니샤드』는 브라흐만에 이르는 여섯 가지 방법을 제시하고 있다. 첫째, 호흡조절(pranayama), 둘째 감각환원(pratyahara), 셋째 명상수련(dhyama), 넷째 의식집중(dharana), 다섯째 자기응시(tarka), 여섯째 침잠, 몰두(samadhi)이다.

이 여섯 가지 방법으로 브라흐만을 깨달을 때 그는 선악을 여의고 최상의 불멸자인 브라흐만과 하나가 된다고 「마하뜨리 우파니샤드」는 말한다. 『우파니샤드』 곳곳에 명상은 이렇게 언급된다.

『우파니샤드』라는 이 위대한 무기를 활로 삼고 명상으로
잘 다듬어진 화살을 잡아라. 그런 다음 저 과녁(브라흐만)에
마음을 모으고 브라흐만을 향해 자, 힘껏 활시위를 당겨라.

「문다까 우파니샤드」

브라흐만은 이 눈으로 볼 수 없고, 브라흐만은 언어로
표현할 수 없고, 브라흐만은 감각으로도 감지할 수 없으며,
브라흐만은 행위나 고행을 통해서도 알 수 없다. 그러나
구도자는 지혜에 의해서 정화된 다음 명상을 통해서 그를
감지한다. 그 자신과 둘이 아닌 그를.

「문다까 우파니샤드」

호흡의 호흡을 아는 사람, 눈의 눈을 아는 사람, 귀의
귀를 아는 사람, 마음의 마음을 아는 사람은 마침내 저
브라흐만을 깨닫게 된다.

「브리하드 아라냐까 우파니샤드」

이 자아를 명상하고 깨닫지 않으면 안 된다. 자아에 관해서
듣고 그 의미를 숙고하고 명상을 수련함으로써 자아를

깨달을 수 있나니, 자아를 깨달음으로써 우리는 이 모든
것을 알게 된다.

「브리하드 아라냐까 우파니샤드」

천 년 동안을 한 발로 서있는 고행을 한다 해도 단 보름
동안 명상수련을 한 거기엔 도저히 미치지 못한다. 덧없는
이 삶에서 우리가 진정으로 알아야 할 것은 저 불멸의 존재
브라흐만이다. 그러므로 이 모든 지식을 버리고 명상수련에
전념하지 않으면 안 된다.

「파잉갈라 우파니샤드」

반복해서 나오는 브라흐만은 나의 본성이자, 세상의 본성이다. 「따이티리야 우파니샤드」는 '브라흐만에 대한 명상'으로 한 챕터를 할애하고 있다.

브라흐만을 명상하라. 이 육체의 동작을 통해서 브라흐만을 명상하라. 말을 할 수 있는 이 언어의 기능으로써, 호흡의 이 들어오는 능력과 나가는 능력으로서, 손의 물건을 쥐는 능력으로서, 발의 걷는 기능으로서, 그리고 항문의 배설 기능으로서 브라흐만을 명상하라.

브라흐만을 명상하라. 자연의 오묘한 조화력을 통해서, 브라흐만을 명상하라. 빗줄기의 대지를 적시는 그 능력으로서, 빛의 그 비추는 능력으로서, 브라흐만을 명상하라.

보호자로서 브라흐만을 명상하라. 그러면 그대 자신이 보호를 받게 될 것이다. 위대한 자로서 브라흐만을 명상하라, 그러면 그대 자신이 위대하게 될 것이다. 마음, 그 자체로서 브라흐만을 명상하라. 그러면 그대 자신이 충만한 마음의 소유자가 될 것이다.

넓은 길, 좁은 길

명상에는 '넓은 길'과 '좁은 길'이 있다. 넓은 길은 쉬운 명상이다. 명상하는 즉시 심신의 안정과 편안함을 느낄 수 있는 심리학적 명상이다. 반면 좁은 길에는 시간과 끈기가 필요하다. 오랜 명상으로 삼매에 이르고, 명상하는 나조차 잊게 되는 지경에서 경험하게 되는 통찰명상이다. 『우파니샤드』는 우리가 쉽게 접할 수 있는 명상의 초보 미덕인 '심신의 편안함'을 넘어 깊은 명상이 주는 '존재의 해방', 심층명상이 주는 초월적 각성을 묘사하고 있다. "명상을 통해서만, 오직 명상의 그 예지를 통해서만 '그'를 감지할 수 있고, 그를 깨닫는 자는 불멸한다." 「까타 우파니샤드」의 말이다. 명상의 스펙트럼 중 가장 심연이라 할 수 있다.

　　『바가바드기타』는 「명상의 요가」편에서 감각과 인식의 통제를 통한 요가 명상법과 그 열매를 노래한다. 명상을 통해 자기 자신이 적이 아니라 진정한 친구가 될 수 있다고 한다. 달콤하다. 우리는 내 속의 너무도 많은 나로 얼마나 괴로운가. 명상을 통해 나는 나와 하나가 될 수 있다.

행동은 요가에 오르기를 바라는 사람의 수단이라 한다.

요가에 이미 도달된 사람에게는 고요함이 수단이라 한다.

오직 감각의 대상이나 행동에 매달리지 않고

그가 모든 생각과 욕망의 씨앗을 벗어났을 때만

그는 요가에 도달했다고 하느니라.

자신이 자신에 의해 스스로의 참나를 높여라.

자신을 비하하지 마라, 자기 자신이야말로 친구이며 적이다.

스스로 성스러운 자아를 정복한 사람은 그 자신이 스스로

친구이나 자아를 정복하지 못한 사람의 자아는 적과 같이

적대행위로 덤비느니라.

자아를 정복한 이, 평안에 깊이 들어 있는 이,

그에게 초월적인 자아는 뜨거움과 차가움, 즐거움과 괴로움,

명예와 치욕에 한결같이 흔들림이 없다.

요가수행자는 언제나 한적한 곳에 머물며

홀로 제 마음과 몸을 다스려 수행한다.

아무것도 바라지 않으며, 어떠한 소유도 없이.

거기 그 자리에 앉아 마음을 한곳으로 모으고,

생각과 감각을 다스리고, 스스로 맑아지려 요가를

수련할지어다.

차분하게 몸통과 목을 바로 세우고

눈길을 코끝에 두고 어느 쪽도 바라봄 없이.

한결같이 자신을 수련하며 다듬어진 요가수행자는 평안에

이르는데 그것은 내 안에 있는 가장 높은 해탈이니라.

명상의 세속화에 기폭제가 된 요가yoga는 호흡법인
프라나야마pranayama와 체위법인 아사나asana를 통해 몸과
마음의 균형과 조화를 유도한다. 요가의 어원인 산스크리트어
'योग'는 '말에 멍에를 씌우다', '말을 마차에 결합시키다'라는
뜻으로 결합이나 억제를 의미한다. 멍에 또는 멍에를 씌운다는
뜻의 영어 'yoke' 역시 요가의 어원에서 파생된 단어다.
요가에서는 인간의 몸을 마차, 마음은 말, 영혼은 말을 탄
사람으로 비유한다. 명상을 통해 사람이 말(마음)을 잘 조절하고
마차(몸)를 바른 길로 가게 해 살아있는 동안 영혼(참 자기)의
자유를 얻는 것을 궁극의 목표로 삼는다.
　　『바가바드기타』에서는 불필요한 마음작용을 억제하는
명상수행과 철학적 사유에 윤리적 실천과 종교적 헌신을
포함하는 형태로 다변화한 요가를 선보인다. 디야나 요가Dhyana
yoga(명상의 요가), 즈나나 요가Jnana yoga(지혜의 요가), 카르마
요가Karma yoga(행위의 요가), 박티 요가Bhakti yoga(신애의
요가), 목샤삼냐사 요가Moksasamnyasa yoga(해탈을 위한 포기의

요가), 라자 요가Raja yoga(삼매와 해탈에 관한 정신 요가) 등이다.
파탄잘리는 요가를 '의식에서 일어나는 동요를 잠잠하게
소멸시키는 행위'로 정의한다.

마지막으로 심리학이 말하는 명상의 정의를 보자.
"마음의 고통에서 벗어나 아무런 왜곡이 없는 순순한
마음상태로 돌아가는 것을 초월(transcendence)이라 하고, 이를
실천하는 것이 명상(meditation)이다."(『심리학용어사전』(한국심리
학회,2014)) 숱한 괴로움으로 꼬깃꼬깃 꾸겨진 마음은 현상을
있는 그대로 받아들이지 못한다. 뒤틀린 마음은 현실을 왜곡해
스스로 고통의 늪에 빠지기 십상이다. 이런 위험을 막으려면 내
마음의 왜곡을 해소하는 것이 우선이다. 상처로 찢긴 마음이
치유되고, 이런 저런 감정으로 오염된 마음이 정화되고, 돌처럼
단단하게 굳은 마음이 물처럼 부드럽게 흐르는 초월의 통로,
그것이 명상이다.

나는 내가 아는 것보다 크다

명상은 클래식이다. 시공을 넘어 그 가치가 갈수록 빛을
발하는. 독일 철학자 페터 슬로터다이크Peter Sloterdijk는
현대인을 호모 이무놀로기쿠스Homo Immunologicus, 면역학적

존재로 규정한다. 코로나19와 같은 바이러스를 비롯해 우리의 생존을 위협하는 온갖 외부 환경으로부터 자신을 보호하는 물리적·정신적·사회적 면역체라는 새로운 정체성이다. 그리고 "당신의 삶을 자기수련이라는 방식을 통해 환경에 가장 잘 어울리는 상태로 바꾸라"고 요청한다.

새로운 인간공학이 필요한 시기이다. 나는 나를 어떻게 강화할 수 있나? 자기수련은 자기인식에서부터 출발한다. 내가 누구며, 무엇을 원하고, 어떻게 살고 싶은가를 알아야 '나다움'을 찾을 수 있기 때문이다. 내가 가장 잘 모르는 나. 명상은 애인을 만나듯 공들여 자기를 만나고, 자기 자신을 체험하는 것이다. 만나보면 안다. 내가 얼마나 괜찮은 사람인지를. 나는 '아는 자(the knower)', '듣는 자(the hearer)', '보는 자(the seer)'다. 차곡차곡 명상을 쌓아가다 보면 나를 나이게 하는 그, 나의 주인을 알게 된다.

이제는 내 차례다. 『우파니샤드』, 『바가바드기타』, 『요가수트라』가 전하는 명상의 정의가 얼마나 근사하든 지금은 나와 무관하다. 명상에 대한 '나의 정의定義'가 진짜다. 직접 명상을 맛보고, 매일 마시고, 마침내 내가 경험한 명상의 정의를 내려보자.

'명상은 (   )이다.'

"내가 누구며, 무엇을 원하고,

어떻게 살고 싶은가를 알아야

'나다움'을 찾을 수 있다. 내가 가장 잘 모르는 나.

명상은 애인을 만나듯 공들여 자기를 만나고,

자기 자신을 체험하는 것이다."

커피명상

"커피 한잔하실래요?"

커피를 권하는 한마디 말에는 다양한 의미가 담기곤
합니다. 어떤 이에 대한 호감의 표시가 되기도 하고, 바쁜 일터에서
잠시 쉬어가자는 뜻이기도 하며, 지친 사람에게 위로를 건네는
마음의 선물이 되기도 합니다. 여러분의 커피 한 잔에는 어떤
의미가 담겨 있나요?

저는 매일 두 잔의 커피를 마십니다. 오전에 신문을 보면서
한 잔, 오후에 서재에서 한 잔. 첫 잔은 새날을 여는 마중의식이고,
둘째 잔은 하는 일에 밀도를 더하는 집중의식입니다. 마치
종교의식에 쓰이는 성수聖水 같이 커피는 평범한 일상을
정화하고, 가지런히 정돈하는 도구가 됩니다.

인류 최초로 커피를 마시기 시작한 에티오피아인들은
매일 아침 작은 잔으로 석 잔의 커피를 나눠 마신다고 합니다. 첫
잔은 우애의 잔, 둘째 잔은 평화의 잔, 셋째 잔은 축복의 잔입니다.
같은 맛에 다른 의미를 담아낸 석 잔의 커피의례는 상상만으로도
경건해집니다.

우리가 물처럼 마시는 한 잔의 커피도 '에티오피아식'으로
대해보면 어떨까요? 평상시보다 조금 느린 박자로 음미하며

나를 향한 '미소 한 모금',

남을 위한 '친절 한 모금',

모두를 기억하는 '감사 한 모금'

느리게, 더 느리게
남들이 알아차리지 못할 만큼
느린 춤을 추자

세 숨

나에게 맞는 명상은?

나에게 맞는 명상은?

'참 좋은데, 어떻게 표현할 방법이 없네!'

한때 모 식품회사 대표가 TV광고에 나와 선풍적인
인기를 모은 카피가 있다. "남자한테 참 좋은데, 어떻게 표현할
방법이 없네." 어디 남자뿐인가, 남녀노소 누구한테나 참 좋은데,
어떻게 한마디로 표현할 방법이 없는 것이 또 있으니 눈감을
명瞑, 생각 상想, 명상이다. 명상은 밖으로 향한 시선을 안으로
돌려 내 마음의 풍경을 바라보는 일이다. 이보다 간단한 것이 또
있을까? 안다. 이 단순한 행위가 말처럼 쉽지 않을 뿐더러 막상
해보면 어렵기까지 하다는 것을. 그런 면에서 명상은 운동과
비슷하다. 일주일에 두어 번만 해도 온갖 병을 예방하고 평생
건강한 삶을 살 수 있다는 걸 알면서도, 그게 안 된다. 그래서
누구든 할 수 있지만 아무나 하지 못하는 운동에는 남다른
기쁨의 성역이 있다. 꾸준히 수행한 사람만 경험할 수 있는
구체적인 변화들이다. 근력은 늘고 스트레스는 줄어든다. 뇌는
젊어지고 몸도 활력이 차오른다. 정신은 맑아지고 잠도 잘 온다.
명상도 그렇다. 할수록 달라지는 몸과 마음의 변화는 경험해 본
사람만이 알 수 있다. 꼬깃꼬깃한 일상이 어떻게 반짝반짝 윤이
나는지를.

　　명상과 운동이 유사한 점은 또 있다. 운동에 여러 종목이

있듯 명상도 여러 유형이 있다. 운동을 재밌게 잘하려면 다양한
종목 중 나의 취향과 성향에 맞는 것을 찾는 일이 중요하다.
피겨스케이팅으로 세계를 제패한 김연아 선수가 농구를 했다면
어땠을까? 잉글랜드 프리미어리그 100호 골을 달성한 토트넘의
손흥민 선수가 탁구를 쳤다면? 큰일이다. 두 선수가 전 세계에
선사한 즐거움을 맛보지 못했을 가능성이 커지기 때문이다.
운동만큼은 아니지만 명상도 개인의 기질과 성정에 걸맞은
방식이 있다. 호흡을 출발점으로 하는 정적인 좌선坐禪을 비롯해
걷기처럼 동적인 행선行禪, 누워서도 하는 와선臥禪, 소리를
매개로 하는 소리명상 등, '지금의 나'에게 적합한 방식을 찾아
가능한 것부터 가볍게 체험해 본다면 참 좋은 명상의 시작이다.
명상은 유유遊遊(놀 유), 즐겁고 유쾌한 일이다. 구체적으로
명상에는 어떤 것들이 있을까?

명상의 종류

명상은 내면을 탐색하는 일이기에 자연스럽게 고대 지혜 전통에
뿌리를 내리고 있다. 따라서 명상의 종류는 우선 종교 전통에
따라, 다음엔 명상하는 방법과 목적에 따라 구분 지을 수
있다. 종교적으로 분류하면 힌두교의 요가명상, 초기불교의
사마타samatha(止)와 위빠사나vipassanā(觀), 선불교의

참선參禪, 가톨릭의 관상기도(contemplation)가 있다. 명상하는 방법으로는 호흡을 세는 수식관數息觀, 마음의 움직임과 몸의 감각과 생각을 지켜보는 관법觀法, 화두話頭를 수단으로 잡념을 끊어내는 간화선看話禪이 있다. 이런 명상법은 다시 목적에 따라 집중명상(요가·사마타), 통찰명상(위빠사나·참선), 스트레스 완화를 위한 마음챙김명상(MBSR, Mindfulness Based Stress Reduction)으로 갈래지을 수 있다. 마음챙김명상은 불교명상을 심리·의학적 치료명상으로 대중화한 현대적 명상법이다.

　　명상은 가벼운 한숨부터 인간의 의식에 변화를 가져오는 초월명상까지 스펙트럼이 넓고 깊다. 명상으로 들어가는 입구는 곳곳에 있다. 호흡이 문門이다. 마음만 내면 닿을 수 있는 '넓은 길'이다. 늘 열려있는 그 문으로 자주 들어가다 보면 명상이라는 공간, 언제든지 쉬고 안식을 얻을 수 있는 '나만의 방'이 생겨난다. 내 방에 드는 시간이 차곡차곡 쌓이면서 명상이 익숙해지면 작은 방은 집이 되고, 집은 세상이 되고, 세상은 우주로 확장된다. 단순한 평안을 넘어 지혜와 통찰이 발현되는 '깊은 길'에 닿게 된다. 명상은 편안한 쉼에서 시작해 궁극적으로 삶의 질적 변화를 가져오는 무궁무진한 내면여행이다. 그중 몇 가지 명상법을 톺아본다.

요가명상

요가명상은 삼매三昧(samādhi)에 이르는 것이 목적이다. 다양한 호흡조절로 마음의 동요를 제어하고 고통에서 벗어나는 수련과정을 쌓아간다. 하타요가Hatha yoga가 주로 육체 단련을 중시하는 몸 명상이라면, 라자요가Raja yoga는 정신을 가다듬어 내면의 평정을 이루는 마음명상이다. '라자raja'라는 말이 왕, 통치자, 지배자를 의미하듯이 라자요가는 사람의 감각과 행위, 자아(ego)를 완전히 정복하는 왕의 요가, 지고至高의 요가다.

라자요가를 바르게 수행하는 여덟 단계가 있다. 살생·거짓·도둑질·간음 등 '하지 말아야 할 것을 하지 않기', 정결·만족·용기·경전읽기·신神경배처럼 '해야 할 것을 하기', 자세를 바르게 하기, 연꽃처럼 가부좌로 앉기, 앉은 다음에는 스승의 가르침에 따라 '숨을 고르고', '감각을 외부 자극으로부터 거둬들이고', '마음을 한 곳에 모으기.' 마음을 고정시켜 '명상'하면, 이윽고 이분법직 의식이 사라지는 '삼매'를 경험하게 된다. 힌두교 요가명상은 여러 형태의 호흡법(pranayama)을 수단으로 태양(Ha)과 달(Tha)이 낮과 밤을 관장하며 음양의 조화를 이루듯 육체와 정신의 조화, 둘의 균형, 에너지의 통합을 의도하는 수행이다. 여덟 단계는 경직된 계율이 아니라 최상의 명상에 도달하기 위한 권고사항이다. 간단하다. 명상에 이로운 것은 '하고', 해가 되는 것은 '하지 말라'는 당부이자 친절한 이정표다.

위빠사나

불교명상에는 초기불교의 위빠사나와 대승불교의 지류인
선불교의 참선이 있다.

위빠사나vipassanā(觀)는 초기 불교의 명상법으로 붓다가
궁극의 깨달음을 얻었다고 전해지는 통찰명상이다. 빠알리어로
위vi는 '모든 것', '다양한', '전부'라는 뜻이고 빠사나passana는
'꿰뚫어 보다', '똑바로 알다'라는 의미로, 위빠사나는 '모든
것을 이해하고 꿰뚫어 바로 본다'는 말로 해석할 수 있다. 나를
중심으로 내 몸 안에서 일어나는 현상과 몸 밖에서 벌어지는
현상 일체를 '판단하지 않고 바라보는' 관법觀法이다. 가만히 깊이
바라보는 데서 생기는 통찰력이다.

1990년대 이후 많은 한국인 수행자들이 미얀마 등
남방불교 국가에서 이 수행법을 익혀 돌아와 전파하면서
알려지기 시작했다. 세계적인 위빠사나 명상 지도자로 이름을
알린 고엔카Satya Narayan Goenka(1924~2013)의 '위빠사나 명상
10일 코스'는 국내에도 정착했다. 핸드폰과 분리된 공간에서
침묵을 지키며 9일간 좌선과 경행經行을 이어가며 집중을
연습한다. 위빠사나 명상은 수많은 편견과 선입견을 벗고, 있는
그대로의 현실(진리)을 다양한 각도에서 관찰하고 수용하는
마음의 기술이다.

좌선은 가부좌나 반가부좌로 앉아 호흡에 집중하는

것으로 시작한다. 코로 숨이 들고 나는 느낌에 집중하고 숨 쉴
때마다 올라오고 내려가는 배의 움직임을 관찰한다. 이 사이를
비집고 들어오는 상념과 몸의 통증, 감정들 또한 위빠사나,
관찰의 대상이 된다. 나타났다 사라지는 현상의 무상無常을
직시한다. 앉은 후에는 일어나 천천히 걷는 경행으로 이어간다.
좌선으로 굳은 몸을 풀어주는 방편으로 걸을 때 역시 주의를
흐트러트리지 않는다. 천천히 걸을 때마다 발바닥에 닿는 감각을
집중한다. 발을 옮길 때마다 '들고, 나아가고, 놓는' 각각의
움직임도 집중의 대상이 된다. 위빠사나 명상을 과학과 의학의
시각으로 재해석한 것이 마음챙김명상이다. 스트레스 완화를
위한 마음챙김명상(MBSR)은 심리치료와 대체의학에 널리
사용되고 있다.

참선

한편 한국에 뿌리내린 선불교 명상수행법인 참선參禪은 '선禪에
들어간다'는 뜻으로 자기의 본성을 꿰뚫어 알기 위해 질문을
품고, 말 그대로 곧장 '고요(禪)에 드는(參)' 명상수행이다.
대승불교의 대표적 수행법으로 한국에서는 화두話頭를
일념으로 하는 간화선看話禪을 의미한다. 화두란 '공안公案'이라
해서 '깨침'을 위한 의문이다. 참선은 중국에 불교를 전한 달마

대사에서 유래한 것으로 염불선이나 보살행 등 다른 수행법보다 어렵지만 더 빠르고 깊은 깨달음에 이를 수 있다고 해서 명상수행법의 으뜸으로 친다. 또한 참선은 자발적으로 실존에 대한 큰 궁금증이 생겨야 시작할 수 있고, 그 문제에 답을 얻고야 말겠다는 굳은 의지를 고수할 때 '아하!'하는 각성의 열매를 맛볼 수 있다. 참선은 높은 산의 깔딱고개처럼 가팔라 오르기 어렵지만 가장 빠르게 순수의식에 도달할 수 있는 명상이다.

이 수행법은 일반적인 좌선뿐 아니라 삶의 모든 과정에서 화두를 놓치지 않고 동정일여動靜一如(무슨 일이 있을 때나 없을 때나 한결같음)하고 오매일여寤寐一如(잠잘 때나 깨어있을 때나 한결같음)한 상태에 드는 것을 중요하게 여긴다. 어느 날 한 제자가 육조 혜능대사를 찾아왔다. 혜능은 "어디에서 왔느냐? 무슨 물건이 이리로 왔느냐?"고 물었다. 제자는 "모릅니다."하고 대답했다. 이것이 '나는 무엇인가?', '이 뭣고?'라는 공안의 유래가 되었다. '무無'자 화두나 '뜰 앞의 잣나무', '끽다거喫茶去' 등 천칠백 개의 공안이 전해지지만 '만 가지 물음이 모두 한 물음'이라는 선사의 말처럼 '모를 뿐'인 마음으로 정진할 때 '몰록 깨치는' 큰 열림의 주인공이 될 수 있다.

다른 명상들이 집중을 통해 산만한 마음을 가라앉히고

스트레스에서 해방된 편안한 일상, 건강한 삶을 지향한다면 참선은 '깨달음'이라는 존재의 질적 변화 혹은 의식의 대전환을 추구한다. 걱정 많고 탈 많은 자아(ego)의 삶에서 한 걸음 벗어나 텅 비었지만 꽉 차 있는 '참나'라는 본성을 찾는 간절한 수행이다.

위빠사나와 참선은 수행법이 정착한 두 대륙의 기후만큼이나 확연한 차이가 있다. 위빠사나는 동남아시아 날씨처럼 느긋하고 부드럽다. 호흡은 물론 매 순간의 감각과 동작에 마음을 모으며 조목조목 그 움직임을 지켜보는 느리고 친절한 명상이다. 일상 속에서 마음챙김을 하는 데 유용한 명상이다. 반면 참선은 마음이라는 보이지 않는 과녁을 향해 활시위를 당기는 거침없는 명상이다. 직지인심直指人心, 바로 내 마음을 꿰뚫는 명상법이다. 마음에 품은 큰 질문을 풀고야 말겠다는 굳은 의지로 좌고우면(左顧右眄)하지 않고 내면을 향해 돌진하는 북풍처럼 차갑고 냉철한 명상이다. 참선은 지속적인 고도의 집중이 필요하다.

마음챙김명상

MBSR(Mindfulness-based stress reduction)은 매사추세츠 의대 존 카밧진Jon Kabat-Zinn(1944~) 교수가 디자인한 마음챙김

명상법이다. 1970년대 초, 브랜다이스대학Brandeis University 생물학과에서 분자생물학을 연구하던 학생 시절 한국에서 온 숭산崇山(1927~2004) 스님을 만나 참선을 배우고 열정적으로 수행한다. 참선으로 내면의 깨달음이 깊어지면서 '이 세상에 지혜와 자비가 늘고 고통이 줄어드는 데 기여하는 창조적인 일'을 하고자 마음먹는다. 1979년 매사추세츠대학University of Massachusetts 의료센터에 스트레스 완화 클리닉을 열고 〈마음챙김에 근거한 스트레스 완화 프로그램〉을 시작했다. MBSR은 불교명상과 의학을 접목해 현대인의 만성질환인 스트레스에 효율적으로 대처할 수 있는 자기조절 기법이다. 불교명상의 세속버전이라 할 수 있다.

마음챙김 명상은 하버드Harvard, 듀크Duke, 스탠포드Stanford 등 수십 개 의과대학에서 주목했고, 전 세계 720여 의료기관에서 활용하고 있다. 스티브 잡스가 명상 마니아였다는 사실이 알려지면서 빌 게이츠, 워런 버핏도 꾸준히 명상을 통해 스트레스를 다스린다고 밝혔다. 실리콘밸리에서는 구글, 페이스북, 인텔 같은 기업에서 '마인드풀니스Mindfulness'라는 마음챙김 명상을 정기적으로 사원 교육에 적용하고 있다. 이제는 병원이나 기업뿐 아니라 프로스포츠팀, 군대, 교도소, 지역문화회관 등에서도 폭넓게 활용하고 있다. 마음챙김 명상이 대중화되면서 명상은 특별한 사람들의 전유물이 아니라 종교, 인종, 문화 상관없이 누구에게나 자연스러운 활동이 되었다. 마음챙김 명상에는 들숨과 날숨에 주의를 집중하는 호흡 관찰하기, 몸의 감각을 알아차리는 바디스캔body-scan, 마음챙김을 위한 건포도 명상 등이 있다.

관상기도

기독교 전통에서는 명상수행이 거의 자취를 감춘 것이 사실이다. 그나마 가톨릭에 남아있는 관상기도를 들 수 있다. 말없이 내면을 응시하고 관조하는 사색을 통해 의식 너머의 상태에 이르고, 거기 머무는 것을 지향하는 기도법이다. 중세 수도사들이 수행해 온 렉시오 디비나Lectio Divina(거룩한 읽기)는 성경을 읽고 텍스트를 묵상함으로 절대자와의 합일을 추구하는 대표적인 관상기도이다. 렉시오 디비나는 12세기 카르투시오수도회(Carthusian Order)에 속한 수도사 귀고 2세Guigo II가 정립한 것으로 현재 로마가톨릭교회 안에서 행해지는 관상기도 방법이다.

귀고는『수도사의 사다리(The Ladder of Monks and Twelve Meditation)』에서 수도자들의 신성화神聖化(deification) 과정을 사다리를 타고 올라가는 네 단계 모습으로 비유하고 있다. 첫 번째는 성경을 깊이로 읽는 독서(lectio) 단계, 두 번째는 텍스트를 내면화하는 묵상(meditation) 단계, 세 번째는 기도(oratio) 단계, 네 번째는 절대자와의 합일을 경험하기 위한 관조(contemplatio) 단계이다. 내면의 정화淨化(purification)와 조명照明(illumination), 합일合一(unity)로 점진적 심화를 추구한 중세 신비주의 영성 수련의 일단이 렉시오 디비나와 관상기도로 명맥이 이어지고 있다. 「베네딕트 수도 규칙」제48장은 "게으름은 영혼의 적이다. 그러므로 형제들은 깊은 영적인 독서(lectio divina)와 육체노동에 규칙적인 시간을 배정해야 한다."고 명시한다. 관상기도를 통해 의식의 심연에 닿은 수행자로 중세 독일의 신비주의 사상가 마이스터 에크하르트Meister Eckhart와 20세기 트라피스트회 수도사인 토머스 머튼Thomas Merton이 있다.

'한숨'도 명상이다

이상의 명상은 수천 년간 제도권 안에서 검증되었고, 그 전통이 동서양의 경계를 허물며 유구히 이어져 오는 '명품명상'이다. 그러나 시대 변화와 함께 명상의 양상도 다변화하고 있다. 명상은 '집중'이다. 그런 의미에서 파도처럼 요동치는 마음을 '가만히' 한곳에 모을 수 있는 것이라면 무엇이고 명상이 될 수 있다. 속세를 벗어난 수행자가 아닌 우리는 변화무쌍한 일상에서 찰나찰나 순간을 모으는 것부터 시작해 보면 어떨까? 바로 '한숨'이다. 하루 '한 번의 숨'이라도 마음을 다해 내 몸속에 생기生氣를 가득 들이고 탁기濁氣를 내보내는 것이다. 허리와 어깨를 펴고 들숨에 깊이 코로 들이마시고 날숨에 입으로 느리고 길게, 온전히 다 내뱉는다. 그야말로 땅이 꺼지게 한숨을 쉬어보는 거다. 시작했으면 몇 차례 더 이어가 본다. 즉각 편안해지는 것을 느낄 수 있다. 느리고 깊은 숨은 우리 몸을 관장하는 자율신경계를 곧바로 이완해 준다. 명상은 그 자체로 웰빙well-being이다.

최근 흥미로운 연구 결과가 나왔다. 미국 스탠포드 의대에서 호흡법이 몸과 마음에 미치는 영향을 실험한 내용이 공개 학술지『셀 리포트 메디슨(Cell Reports Medicine)』에 실렸다. 108명의 참가자가 네 그룹으로 나뉘어 하루 5분씩 한 달 동안 서로 다른 호흡을 수행했다. 첫째는 날숨을 길게 내쉬는 주기적 한숨, 둘째는 숨을 들이마셨다가 잠시 숨을 멈춘 뒤 내쉬는 박스호흡, 셋째는 숨을 길게 들이마신 뒤 짧게 내쉬는 주기적 과호흡, 마지막 넷째는 자연호흡으로 하는 명상이다. 실험 결과 첫 번째 실험군이 시행한 주기적 한숨이 스트레스를 푸는 데 가장 큰 효과를 내고, 에너지, 기쁨, 평화 같은 긍정적 정서로 빠르게 개선해 주었다. 박스호흡은 침착함을 유지하는 데, 주기적 과호흡은 불안과 공황장애를 완화하는 데 효과가 있었다. 이 연구는 정도의 차이가 있지만 호흡 방식과 무관하게 참가자들의 90퍼센트가 긍정적 효과를 얻은 것으로 보고한다.

한숨으로 시작한 '반려명상'이 놀이처럼 즐겁고, 일상을 가볍게, 마음을 자유롭게 하는 편안한 시작이면 좋겠다. 문턱 없는 유유遊遊명상이다. 운동이 몸의 중심인 코어근육을 단련해 주듯 명상은 삶의 중심인 마음에 탄탄한 근육을 만들어준다. 명상은 그렇게 안으로 뿌리를 내리는 일이다. 뿌리 깊은 나무는 바람에 요동하지 않는다. 당당하고, 의연하고, 기품 있다. 정성스럽게 쉰 한숨은 '다 괜찮아'라고 말해 준다. 호흡은 삶의 달인으로 가는 첫걸음이다. 틈날 때마다 "흡, 후우~" 주기적으로 한숨을 쉬자.

초콜릿명상 - 생활 속 명상 1

삶이 색깔도, 냄새도 없이 밋밋하다 느껴진다면 초콜릿 명상을 해보자. 초콜릿도 좋고 사탕도 좋다. 말린 건포도나 견과류, 무엇이든 내가 좋아하는 먹을거리를 명상의 도구로 삼을 수 있다. 먹는 명상은 미각을 이용한 집중연습이다.

수업에서는 씹지 않고 입안에서 녹으면서 맛과 함께 달라지는 형태의 변화를 자각할 수 있는 소품을 사용하고 있다. 주로 달지 않은 초콜릿이나 명상에 덩달아 나른함도 깨워줄 수 있는 커피사탕을 애용한다.

혼자 있을 때 핸드폰을 잠시 내려놓고 편안한 의자에 앉거나 푹신한 소파에 비스듬히 누워 초콜릿 한 조각을 입에 문다. 눈을 감아 불필요한 시각 정보는 차단한다. 이 세상에 나와 이 초콜릿 하나만 있는 것처럼 온 마음, 온몸으로 초콜릿을 만난다. 입안에 넣었을 때의 첫 느낌부터 천천히 녹아드는 모든 과정을 낱낱이 자각한다. 완전히 녹아 없어질 때까지 분리되었던 대상과 하나 되는 생생한 경험을 해보자.

5분 좌선은 어렵지만 10분 초콜릿명상은 어렵지 않게 할 수 있다. 시간도 훨씬 빠르게 지나가고 집중도 수월하다는 것을 느낄 것이다. 맛이라는 감각을 통해 나를 통합하는 초콜릿명상을 통해 지금, 여기, 이 순간에 존재하고 집중하는 연습이다. 맛난 명상은 '혼명', 혼자 하는 명상에 안성맞춤이다. 집중은 맛있다.

걷기명상 - 생활 속 명상 2

몇 해 전 제주 올레길을 도보로 완주했다. 최근에는 추자도에 한 코스가 더 늘었지만 당시는 우도와 가파도를 포함해 제주도 전체 일주에 26코스, 425킬로미터였다. 평균 15킬로미터 내외로 하루 한 코스씩 걸으면 채 한 달이 걸리지 않는다. 제주 한 달 살이도 유행이지만 나는 틈날 때마다 짧게는 두세 개, 많게는 대여섯 개 코스를 걷고 일상으로 복귀하는 방식으로 걸음을 이어갔다. 일 년이 걸렸다.

봄여름가을겨울 옷을 갈아입는 제주의 아름다운 자연을
온몸으로 만나는 기쁨은 예기치 못한 소중한 경험이었다.
그래서 올레길을 안 걸은 사람은 있어도 한 번만 걸은 사람은
없다고 하고, '올레앓이'라는 말도 있다. 각자의 경험은 시시각각
변하는 하늘색만큼이나 다르겠지만, 그 감동은 제주의 푸른
바다색만큼이나 짙고 깊을 것이다.

단순히 '걷는 일'이 일으키는 기적은 상상을 가볍게
넘어선다. 위대한 3대 비판서를 줄지어 써낸 칸트의 저력은
'묵묵한 걷기'에 있을 것이라 감히 말할 수 있다. 시계처럼
정확하게 매일, 평생 고수했던 칸트의 산책은 자신의 삶을
긍정하는 예배이자 자연과의 합일을 경험하는 심오한
기도와 다름없는 의식이었을 것이다. 장자크 루소Jean-
Jacques Rousseau(1712~1778)도 『고백론(Les confessions)』에서
"나는 걸을 때만 사색할 수 있다. 내 두 발이 움직여야 내
머리가 움직인다."고 고백한다. 걷기와 사유의 관계는 고대
아리스토텔레스의 소요학파逍遙學派(Peripatetic school)가
입증하고 있다. 소요학파는 문자 그대로 아리스토텔레스가
제자들과 '걷고 산책하면서' 철학적 대화를 나눈 학당이다.

걷기는 움직임 속에서 고요함을 보는 동적動的 명상이다.
몸은 움직이는데 생각은 멈추게 된다. 한 걸음 한 걸음 내딛을
때마다 안 해도 되는 생각들이 떨어져나간다. 불필요한 것들이

지워질수록 본질이 선명해진다. 무엇이 중한지, 무엇이 참인지
조용히 드러나는 사유의 시작이다.

좌선이 어렵게 느껴진다면 먼저 걷기명상으로 나를
조율해보자. 제주 올레길도 좋지만 일상에서도 '나만의 길',
'나만의 올레' 코스를 만들어볼 수 있다. 집을 나서 한 시간
정도면 돌아올 수 있는 나의 산책로를 정해보는 것이다. 매일
어디를 걸을까 고민하지 않아도 되고, 익숙한 길이니 두리번거릴
필요 없이 내면을 보기 쉬워진다. 오직 '걷고 있는 내 몸'과 '걷는
지금'에 마음을 모은다. 멈출 줄 모르던 상념이 하나둘 떨어져
나가고 어느 날엔가는 그저 '걸을 수 있다는 것' 하나만으로도
충분히 감사하고 감동하는 가난한 예수의 마음, 텅 비고 청정한
부처의 마음을 회복할 수 있을지도 모른다. 욕심이 없으면 부족도
없다. '온전한 나'가 거기 있다.

올레 26코스를 걸으면서 불현듯 놀라운 사실을 알게
되었다. 매일 걷는 길이지만 사실은 매일이 새 길이라는 사실이다.
오늘은 어제와 다른 길이며, 내일도 오늘과 다른 길이다. 늘
새 길, 새 날, 새 삶이라는 사실은 제주 바당에서 길어 올린
월척이다. 걸으면서 길 위에서 만난 산과 바다, 들판과 햇살,
당근밭과 검은 돌담.... 있는 그대로 진리인 자연은 나의 거친
의식을 가만가만 빗질해 주었다. 걷는 동안 인간의 의식은 자연이
내는 기본음에 조율된다. 자연과 나 사이의 불균형이 해소되고

편안해진다. 걸으면 알게 된다. 엉킨 마음이 어떻게 가지런히 풀어지고, 방황하는 마음이 어떻게 '지금 이 순간'이라는 집으로 돌아오는지를. 걷기는 몸도 지금으로, 여기로 돌아오게 하는 참 좋은 명상이다.

아로마명상 - 생활 속 명상 3

여행할 때면 꼭 에센셜 아로마오일을 챙긴다. 손톱만한 병에 라벤더와 페퍼민트, 티트리 오일을 넣어 기내용 파우치에 넣어둔다. 평소 베갯머리에 두는 라벤더는 잠자리에 들 때 한두 방울 손에 떨어뜨려 향을 마시거나 귀 언저리를 마사지하듯 발라주면 잠드는 내내 은은한 향기가 감돈다. 라벤더는 심리정화와 심신이완을 돕는 대표적인 아로마다. 치유뿐 아니라 가벼운 화상치료에도 탁월하다. 환부에 라벤더오일 한 방울을 떨어뜨려 부드럽게 마사지하면 거짓말처럼 화기가 사라진다. 페퍼민트는 파스 대용으로 제격이다. 나른한 기분을 한 방에 날리고 뭉친 근육을 푸는데 제격이다. 티트리는 피부 트러블을 빠르게 진정시킨다. 특별한 향기를 가진 식물의 정수인 아로마오일은 일상에서 응급상비약 역할을 톡톡히 한다. 향기로 치유하는 아로마테라피Aromatherapy다.

　　아로마테라피 역사는 아주 먼 고대로 거슬러 올라간다.

고대 이집트, 중국, 인도뿐 아니라 그리스와 로마에서도 기원전 수천 년 전부터 아로마를 질병 치료와 미용, 종교의식 등에 다양하게 활용했다. 영혼과 함께 육신의 불멸을 꿈꾸던 이집트인들에게 아로마는 미라 방부제로 필수적인 향료였다. 클레오파트라는 아로마오일을 전신미용과 화장품에 최초로 활용한 사람이라고 알려져 있다. 고대부터 전해오는 인도의 전통의학 아유르베다Ayurveda는 몸과 마음의 치유를 위한 요가와 명상에 개인의 체질에 맞는 향을 접목하고 있다. 『베다(Veda)』는 사람에게 이로운 700여 가지 식물의 향기와 특성을 기록하고 있다. 중국에 이시진李時珍(1618~1693)이 쓴 『본초강목(本草綱目)』이 있다면 우리나라에는 허준許浚(1546~1615)이 편찬한 『동의보감(東醫寶鑑)』이 있다. 모두 약초로 사람을 치유하는 원리와 방법을 체계화한 인류의 지혜다.

　　　　아로마오일은 식물에서 추출한 액으로 피부와 호흡기, 소화기를 거쳐 온몸으로 빠르게 흡수된다. 또한 신경계를 통해 직접적으로 뇌신경을 자극해 몸과 마음을 치유한다. 아로마테라피의 효능은 심리와 생리, 항균과 방부, 미용 등 실로 폭넓다. 수많은 아로마 중 몇 개라도 마음에 드는 향기를 추려 일상에 스며들게 한다면 훌륭한 셀프 아로마테라피스트가 될 수 있다. 누구나 쉽게 적용할 수 있는 아로마테라피로는 디퓨저를 이용한 확산법, 코로 향기를 흡입하는 흡입법, 욕조에 아로마오일을 희석하는 목욕법, 상처에 찜질 효과를 내는 습포법, 피부에 직접적으로 흡수시키는 마사지법 등이 있다.

무엇보다 향기는 현존을 자각하게 하는 강력한 명상 도구다. 마음이 갈피를 잡지 못할 때, 집중이 필요할 때, 호흡에 향기를 더해보자. 코로 들어가 온몸에 퍼지는 은은한 향기는 정신을 가다듬고 신체를 바로 세우게 도와준다. 지금, 여기에 있는 향기 가득한 나, 그보다 더 좋은 것, 그보다 더 완벽한 곳이 어디 있을까? 향기로 몸과 마음을 씻는 아로마명상이다.

"운동만큼은 아니지만

명상도 개인의 기질과 성정에 걸맞은 방식이 있다.

'지금의 나'에게 적합한 방식을 찾아

가능한 것부터 가볍게 체험해 본다면 참 좋은 명상의 시작이다.

명상은 유유遊遊(놀 유), 즐겁고 유쾌한 일이다."

구름명상

"느리게, 더 느리게, 남들이 알아차리지 못할 만큼 느린 춤을 추자."

어느 날, 하늘을 물끄러미 쳐다보고 있으니 구름이 말을 걸어오더군요. 가만히 귀를 기울이고 있자니 이번에는 우아한 몸짓이 눈을 사로잡았습니다. 대★자로 누웠나 하면 어느새 모로 돌아앉고, 앉았는가 하면 훨훨 털고 일어나 사라진 듯싶더니 이내 다른 구름과 손잡고 달아납니다. 한시도 있음을 고집하지 않는 이 구름을 무어라 표현하면 좋을까요?

그날부로 저는 이 기묘한 '없음 같은 있음'에 홀려 버리고 말았어요. 그것은 아주 조용한 힘이었지요. 다음날에도, 그 다음날에도 구름에게 인사하며 '구름처럼 살고 싶다'고 속삭이던 열망은 문득, '구름처럼 살면 되는구나!'라는 깨달음으로 바뀌었어요.

구름은 하늘이 부르는 허밍humming입니다. 어떤 날에 구름은 고요한 절대 침묵으로 노래하고, 또 다른 날엔 먹구름 드리우고 천둥·번개까지 불러들여 요란한 대합창을 부르기도 합니다.

구름은 '나'를 고집하지 않지만 약하지 않아요. 그 강한
태양 빛마저 무색하게 하는 구름의 힘은 '실체 없음'에서 옵니다.
손에 잡히지 않는 무상無常에 깃든 그 막강한 내공을 배우게
됩니다. 구름을 마주하다 보면 '작은 나'가 구름처럼 흩어집니다.

오늘, 하늘에 떠 있는 구름과 마주쳤다면 구름처럼
살아보면 어떨까요? 세상이 부추기는 조급함에 물들지 않고 내
속도로, 나만의 몸짓으로 하루를 춤추듯 가볍게 사는 겁니다.

우선 손에 들려 있는 핸드폰은
주머니 안에 깊이 넣어두고 '좋은 숨'을
쉬어 보세요.
...
지금 여기에 내가 살아 있음을,
이대로도 충분히 괜찮다고.

네
숨

품
위
있
게,
앉
기

숨 고르기

의학에서 생명 상태를 체크하는 네 가지 바이탈 사인vital signs이 있다. 호흡, 체온, 혈압, 맥박이다. 이 가운데 호흡은 생명과 직결되어 있다. 4분 이상 호흡하지 않으면 뇌손상이 일어나고, 6분 이상 무호흡 상태가 이어지면 생물학적 사망 상태에 이른다. 우리 몸의 항상성과 면역력이 지금 내가 쉬는 숨에 의지하고 있다는 뜻이다. 그러니 호흡이 불안정하면 정신은 흐릿해지고 몸도 균형을 상실한다. 조식調息, 숨을 고르게 쉬면 몸은 안정을 찾고 마음은 안심한다.

태어나서 지금까지 한시도 멈춘 적 없는 나의 숨, 과연 '나'는 어떤 숨을 쉬고 있을까? 빠르고 급한지, 느리고 섬세한지, 얕고 가쁜지, 깊고 고요한지 헤아려볼 일이다. 평상시 호흡 습관을 아는 것이 호흡명상의 시작이다. 지금 알람을 맞춰놓고 1분간 몇 번 호흡하는지 세어보자. 스물일곱 번일 수도 있고, 열여덟 번일 수도 있다. 어떤 이는 열 번 이하일 수도 있다. 오늘 알게 된 호흡수數를 메모해두고 기억하자.

숨은 정신이다

고대 연금술사들은 흙, 물, 불, 공기 네 가지 원소에
'스피리투스'를 불어넣어야 구리나 납 같은 일반 금속을 금이나
은으로 변화시킬 수 있다고 믿었다. 연금술의 진위여부를 떠나
'정신' 혹은 '영혼'을 의미하는 라틴어 스피리투스spiritus의
어원이 바람, 숨결, 호흡이라는 사실에 주목하게 된다. 형질의
변화에서 생사여탈까지, 숨에는 본질적인 변화를 일으키는 힘이
있다. 숨의 비결을 눈치챈 것인지 우리말은 '숨'을 즐겨 쓴다.
힘에 버거운 일은 '숨이 턱에 찼다'고 하고, 빠르게 돌아가는
상황에서는 '숨이 가쁘다'고 하고, 어떤 일이 잘 마무리가 되면
'숨을 돌렸다'고 말한다. 삶과 숨은 떼려야 뗄 수 없으니 일상의
마디마디에 숨이 자리를 차지하는 것은 당연할뿐더러 숨을
의식하며 산다는 방증 같아 반갑다.

　　　삶을 쥐락펴락하는 숨에는 좋은 숨과 나쁜 숨이 있다.
좋은 숨은 몸을 변화시키고 잡다한 마음이 사라지게 한다. 반면
나쁜 숨은 몸을 해치고 정신을 어지럽힌다.

　　　좋은 숨은 좋은 자세에서 온다. 앉으나 서나 폐에 신선한
공기가 한껏 들어오도록 가슴을 펴고 허리를 반듯하게 세운다.
그래야 혈액이 온몸을 힘차게 돌아 세포를 살리고, 몸 안의
염증을 막을 수 있다. 구부정한 자세로 쉬는 숨은 얕을 수밖에
없으니 몸 안으로 들어오는 산소 또한 제한되기 마련이다. 부족한

생기로 전신을 지탱하려니 무리가 되고 질병으로 이어진다. 육체와 정신, 감정 건강의 밥은 숨이다. 호흡은 몸과 마음을 잇는 보이지 않는 탯줄이다. 내가 하는 생각, 행동, 모든 경험에 반응하는 감정은 즉각 호흡에 영향을 준다. 그렇게 호흡은 거칠면 거친 대로, 불안하면 불안한 대로, 가쁘면 가쁜 대로 곧장 온몸에 퍼져있는 자율신경계를 자극한다. 긴장하라고, 도피하라고, 공격하라고.

오늘 내 숨은 어떤 정신을 길러내고, 어떤 일상과 맞닿아 있는가?

숨을 알아차리는 16단계

숨에 대한 알아차림을 세밀하게 관찰한 초기불교 경전
『호흡관법경(呼吸觀法經)』에 따라 호흡명상을 수행해도 좋다.
호흡을 바라보는 열여섯 단계를 꼼꼼히 보여준다.

사념처四念處 명상

수행자들이여! 숲으로 가서 나무 그늘 아래나 빈 방에 결가부좌를
하고 앉아, 허리를 곧추 세우고 전면에 마음챙김을 확고히 한다.
마음을 챙겨 숨을 들이쉬고 마음을 챙겨 숨을 내쉰다.

신념처身念處 - 몸에 대한 알아차림

· 숨을 길게 들이쉬면서 '숨을 길게 들이쉰다'고 알아차리고
  숨을 길게 내쉬면서 '숨을 길게 내쉰다'고 알아차린다.
· 숨을 짧게 들이쉬면서 '숨을 짧게 들이쉰다'고 알아차리고
  숨을 짧게 내쉬면서 '숨을 짧게 내쉰다'고 알아차린다.
· 온 몸을 감지하면서 '숨을 들이쉬리라' 하고 수련하며
  온 몸을 감지하면서 '숨을 내쉬리라' 하고 수련한다.
· 온 몸의 작용을 편안히 하면서 '숨을 들이쉬리라' 하고 수련하며
  온 몸의 작용을 편안히 하면서 '숨을 내쉬리라' 하고 수련한다.

수념처受念處 - 느낌과 감각에 대한 알아차림

· 희열을 느껴 알면서 '숨을 들이쉬리라' 하고 수련하며
  희열을 느껴 알면서 '숨을 내쉬리라' 하고 수련한다.
· 행복을 느껴 알면서 '숨을 들이쉬리라' 하고 수련하며
  행복을 느껴 알면서 '숨을 내쉬리라' 하고 수련한다.
· 마음의 작용을 느껴 알면서 '숨을 들이쉬리라' 하고 수련하며
  마음의 작용을 느껴 알면서 '숨을 내쉬리라' 하며 수련한다.
· 마음의 작용을 고요히 하면서 '숨을 들이쉬리라' 하며 수련하며
  마음의 작용을 고요히 하면서 '숨을 내쉬리라' 하며 수련한다.

심념처心念處 - 마음에 대한 알아차림

· '마음을 경험하면서 들이쉬리라'며 수련하고
  '마음을 경험하면서 내쉬리라'며 수련한다.
· '마음을 기쁘게 하면서 들이쉬리라'며 수련하고
  '마음을 기쁘게 하면서 내쉬리라'며 수련한다.
· '마음을 집중하면서 들이쉬리라'며 수련하고
  '마음을 집중하면서 내쉬리라'며 수련한다.
· '마음을 해탈케 하면서 들이쉬리라'며 수련하고
  '마음을 해탈케 하면서 내쉬리라'며 수련한다.

법념처法念處 – 존재와 현상에 관한 알아차림

· '무상을 관찰하면서 들이쉬리라'며 수련하고
  '무상을 관찰하면서 내쉬리라'며 수련한다.
· '이욕離欲을 관찰하면서 들이쉬리라'며 수련하고
  '이욕을 관찰하면서 내쉬리라'며 수련한다.
· '소멸을 관찰하면서 들이쉬리라'며 수련하고
  '소멸을 관찰하면서 내쉬리라'며 수련한다.
· '놓아버림放下著을 관찰하면서 들이쉬리라'며 수련하고
  '놓아버림을 관찰하면서 내쉬리라'며 수련한다.

비구들이여, 여기 비구가 숲속에 가거나, 나무 아래로 가거나,
빈방에 가거나 하여 가부좌를 틀고 몸을 곧추세우고 전면에
마음챙김을 확립하여 앉는다. 그는 마음을 챙기면서 숨을
들이쉬고 마음을 챙기면서 숨을 내쉰다.

『디가 니까야 대념처경』

· 들이쉬는 숨이 길면 '길게 들이쉰다'라고 꿰뚫어 알고,
  내쉬는 숨이 길면 '길게 내쉰다'라고 꿰뚫어 안다.
· 들이쉬는 숨이 짧으면 '짧게 들이쉰다'라고 꿰뚫어 알고,
  내쉬는 숨이 짧으면 '짧게 내쉰다'라고 꿰뚫어 안다.

· '숨의 전 과정을 경험하면서 들이쉬리라'하며 공부 짓고,

  '숨의 전 과정을 경험하면서 내쉬리라'하며 공부 짓는다.

· 이것은 숨의 처음부터 끝까지 전 과정을 알아차리는 것을

  의미한다.

· '숨을 고요히 하면서 들이쉬리라'하며 공부 짓고,

  '숨을 고요히 하면서 내쉬리라'하며 공부 짓는다.

『아나빠나사띠 경(Ānāpānasati Sutta)』

호흡의 힘

바른 호흡은 몸과 마음, 감정을 조율하는 가장 빠른 길이다.
들숨에 생기가 차오르고, 날숨에 탁기가 빠져나가기
때문이다. 새로운 가능성과 희망이 들어오고, 감정적·정서적
독소가 나간다. 삶의 긍정이 들어오고, 부정이 나가니
그렇다. 호흡에는 온전하게 존재하는 힘, 살리는 힘이
있다. 요가철학에서는 그것을 '프라나prana'라고 부른다.
호흡조절(프라나야마pranayama)을 중시하는 요가수련은
생명 유지에 필수적인 에너지가 육체적으로 나타난 것을
호흡으로, 그 안에서 역동하는 힘을 프라나로 이해한다.
몸속을 일직선으로 관통하는 일곱 개의 에너지센터,

차크라chakra(바퀴)는 프라나가 흐르는 길이다. 정수리, 이마, 목, 심장, 명치, 하복부, 척추 맨 아랫단이 막히지 않고 통하는 것을 가장 이상적인 상태로 본다. 차크라는 회전로터리처럼 몸 안에서 에너지가 응축되어 흐르는 현상을 이미지화한 것이다. 우리말에서 '기氣가 막힌다', '기氣가 통한다'라는 표현의 원리로 이해할 수 있다.

깊고 고요한 숨, 허둥대지 않고 천천히 쉬는 호흡에는 여러 이점이 따른다. 몸의 긴장이 사라지면서 스트레스가 잦아든다. 평안한 마음으로 출렁이는 감정을 다스릴 수 있다. 시선이 안정되고 집중하는 힘이 생긴다. 얼굴엔 화색이 돌고 눈은 생기로 반짝인다. 목소리는 깊고 부드러운 음성으로 강화된다. 천천히 깊이 호흡하면 순간순간 주의를 모으고 고요하게 행동하게 된다. 호흡은 선명하게 현재를 살게 하는 힘이다.

복식호흡과 호흡명상 - 아나빠나사띠

복식호흡은 숨을 들이쉴 때 아랫배가 풍선처럼 부풀어 오르게 하고, 숨을 내쉴 때 꺼지게 하는 호흡법이다. 코로 숨을 깊게 마시고 코로 천천히 내쉰다. 들숨보다 날숨이 길게 내쉰다. 횡격막을 최대한 아래로 끌어내리는 복식호흡은 몸 안에

산소포화도를 높여준다. 이산화탄소가 빠져나가고 산소가
온몸을 순환하면서 자연스럽게 몸이 이완되고 마음은 안정을
찾는다. 긴장된 자율신경계가 진정되면서 스트레스가 완화되고
집중력은 향상된다. 혈액순환이 원활해지고 혈압을 낮추는
효과도 있다. 이것이 단전호흡이다.

　　복식호흡을 유지하면서 초기불교의 호흡명상인
아나빠나사띠anapanasati를 연습할 수 있다. '아나ana'는 들숨을,
'빠나pana'는 날숨을, '사띠sati'는 알아차림을 뜻한다. 그러니
아나빠나사띠는 말 그대로 들숨과 날숨을 알아차리는 가장
기본적이고 그만큼 중요한 명상수행이다.

　　먼저 숨을 고요히 하겠다고 결심한다. 그리고는 숨의
처음부터 끝까지 전 과정을 알아차리도록 마음을 모은다.

일상에 적용

좌선을 마치는 것으로 수행을 멈추지 않는다. 눈을 뜨고, 다리를
쉬고, 일어서는 일상의 모든 행위에서 숨을 알아차리려고
해본다. 마음이 다른 대상으로 옮겨가지 않게 주의한다면
수행의 빈틈을 줄여나갈 수 있다. 가능한 불필요한 말을 삼가고
묵언을 하는 것도 좋다.

품위 있게 앉기

안은 한시도 조용할 날이 없고, 밖은 수많은 의무와 당위가
아우성친다. 피할 곳도 피할 수도 없다. 총체적 혼돈이 삶의
곳곳에서 복병처럼 모습을 드러낸다. 이때가 '품위 있게'
앉을 때다. 그곳이 어디든 허리를 곧추세우고 양어깨를 활짝
펴고 의연하게 앉아보는 것이다. 몸의 자세는 그대로 마음을
반영하고 삶을 좌우한다. 지치고 고단할수록 아담한 자리에
푹신한 방석을 놓고 그 위에 꼿꼿하게 정좌해 보자. 마치 내가
태산太山이 된 것처럼. '내가 여기 있다'는 존재의 가장 큰
울림인 호흡은 생生의 알파요 오메가다. 그 호흡을 방편 삼아
우리는 언제든지 삶을 가지런히 재편할 수 있다.

　　엉덩이가 양 무릎보다 조금 높아지도록 꼬리뼈에 작은
방석을 하나 더 괴면 앉은 자세가 훨씬 안정적이다. 허리나
등이 무너지지 않게 꼬리뼈부터 단단하게 세워 앉는다. 두
손은 가장 편안한 위치에 둔다. 배꼽 아래 하단전 앞으로 양
손바닥을 포개고 엄지가 맞닿는 선정인禪定印을 해도 좋고, 양
무릎 위에 두어도 좋다. 눈은 코를 통해 몸속에 들고나는 호흡이
느껴지도록 편안하게 감는다. 좌선이 자리를 잡으면 코끝이
보이는 정도로 가늘게 눈을 아래로 떠 이 순간, 찰나의 삶을
명료하게 의식한다. 이 세상에서, 아니 온 우주에서 내가 가장

존귀하다는 자부심을 가득 안은 자세로 앉았다면 입꼬리를 살짝 올려 본다. 모나리자의 신비한 미소처럼, 입가에 미소를 머금는 순간 세상과 화해하게 된다. 이 모습보다 더 아름답고 위엄 있는 자세가 있을까? 좌선하는 몸짓이야말로 땅과 하늘을 잇는 사람이 지을 수 있는 가장 인간다운 자세, 기품 있는 모습이다. 흔들리지 않는 마음, 부동심不動心이 싹트는 자리다.

　　의연하게 자리를 잡았다면 온몸으로 숨을 쉰다. 들어오는 숨이 몸통을 채우고 발끝까지 다다르는 기분으로 깊이 마시고, 내쉴 때는 묵은 숨이 온전히 다 빠져나간다는 느낌으로 느리게 내보낸다. 들숨에 하복부가 볼록 나오고, 날숨에 홀쭉해지는 복식호흡, 이른바 단전호흡을 한다. 의식을 수식數息에 둔다. 하나, 둘, 셋, 넷을 세면서 마시고, 하나, 둘, 셋, 넷, 다섯, 여섯으로 내쉰다. 복식호흡이 안정되면 숫자를 늘려나간다. 하나, 둘, 셋, 넷, 다섯으로 마시고 좀 더 긴 숨으로 내쉰다. 익숙해지면 마시고 내쉬는 숨에 하나, 다시 마시고 내쉬는 숨에 둘, 이렇게 숫자를 늘려나간다. 정신이 흐려지는 것을 막고 집중도를 높이려면 역으로 셀 수도 있다. 수를 세며 호흡에 집중하는 호흡명상, 수식관數息觀이다.

　　호흡이 빠를수록 생각도 많아진다. 이 생각 저 생각으로 쉬이 옮겨 다니고 감정도 덩달아 널을 뛴다. 반대로 느리고 깊게 호흡할수록 몸은 더 이완되고 생각도 썰물처럼 차츰 밀려난다. 마음의 풍랑과 파도가 지나면 어느 순간 내 몸이 바람 한 점 없는 고요한 바다에 오롯이 떠 있는 돛단배처럼 느껴지는 때를 맞게 된다. 완벽한 평안이 차 오른다. 이대로 온전함을 알게 된다. 머릿속에서 잡다한 정보들이 빠져나간 자리는 그처럼 고요하고 평화롭다.

삶의 호흡

하루 중 가장 편안한 시간을 택해 품위 있는 모습으로 좌선을 하고, 일상에서도 호흡을 만나고 호흡과 대화한다. 노트북에 전원을 넣고 부팅을 기다리는 순간, 3분 후 도착할 지하철을 기다리면서, 운전하다가 빨간 신호등에 멈춰 섰을 때, 주전자 물이 끓기를 기다리면서, 키오스크로 김밥을 주문하고 음식이 나올 때까지, 그 순간 호흡에게 문자를 보내보면 어떨까? '모해?', '어디?' 호흡을 친구 삼아 자주 만나다 보면 소리 없이 일상에 집중력과 내적 고요가 자리 잡는다.

삶도 호흡이다. 들숨과 날숨처럼 끝없이 누군가와 생기를 주고, 받고, 나누는… . 팬데믹pandemic은 우리 모두가 숨으로 연결된 하나의 유기체라는 사실을 되새기게 했다. 나의 건강이

타인의 안전을 돕고, 타인의 아픔이 내 아픔으로 전이된다는 자명한 이치를 값지게 배웠다.

명상은 특별한 게 아니다. 내가 숨 쉬고 있다는 사실을 아는 것, 의도적으로 숨을 쉬는 것, 순수하게 숨에 마음을 모으는 것이다. 숨을 알아차리듯 마음을 알아차리고, 어떤 현상도 판단하지 않고 수용하는 일이다. 호흡을 바라보면 마음을 바라보는 힘이 자라난다. 자동화된 내 생각, 내 감정, 마음의 습관을 알아차리게 된다. '그렇구나'하고 마음이 짓는 고통의 끈을 놓는 지름길이다. 숨이 그렇듯 내 삶의 알파이자 오메가는 '나'다. 모든 게 나에서 비롯되고, 나로 끝난다. 나는 언제든 '품위 있게 앉기'에 합당하다.

"명상은 특별한 게 아니다.

내가 숨 쉬고 있다는 사실을 아는 것,

의도적으로 숨을 쉬는 것,

순수하게 숨에 마음을 모으는 것이다. 숨을 알아차리듯

마음을 알아차리고, 어떤 현상도 판단하지 않고

수용하는 일이다."

출근길명상

새들의 합창이 적막을 깨웁니다. 일어나야 할 시간이라는
경고사인, 알람입니다.

　'아 벌써 아침이라니 5분만…' 딱 5분, 정말 딱 5분만인데도
지각하기 십상인 게 현실이지요. 그런데 아침에 명상을 하라고요?
어렵게 일어나 준비하면 나가기에도 빠듯한데, 명상을 하기에는
턱도 없는 시간입니다. 이와 같은 이유로 명상은 늘 제자리를 찾지
못하고 여전히 '그림의 떡'처럼 일상을 겉돌고만 있습니다.

　집에서 여념이 없다면 출퇴근 시간을 이용해 보면
어떨까요? 자동차나 지하철, 버스 안에 있는 시간을 다르게
써보는 겁니다. 우선 손에 들려 있는 핸드폰은 주머니 안에
깊이 넣어두고 이동하는 내내 '좋은 숨'을 쉬어 보세요. 좋은
숨이란 호흡에서 생각을 빼낸 숨입니다. 느리고 깊은 호흡, 바로
심호흡深呼吸이죠. 매 숨을 의식적으로 들이쉬고, 의식적으로
내쉽니다. 지금 여기에 내가 살아있음을, 이대로도 충분히
괜찮다는 사실을 숨으로 경험합니다.

들숨은 '받아들임'입니다. 산소가 몸 안에 들어올 때 세상의 온갖 좋은 것들이 다 따라 들어옵니다. 여유, 안심, 행운이 꼬리를 물고 오니 깊이 안으로 받아들이세요.

날숨은 '내려놓음'입니다. 내뿜는 이산화탄소에 천 가지 만 가지 나쁜 것들을 전부 실어 내보내세요. 미움, 걱정, 불안을 후우~

"목적지에 도착하셨습니다."

매일 출퇴근길에 차곡차곡 '생각 없는 숨'을 쌓아 볼까요? 좋은 일이 생길 거예요. 꼭!

나는 누구인가요?
어디를 향해 가려 하나요?
그곳은 왜 가야 하나요?

다섯 숨

나는 무엇을 욕망하나?

불안과 욕망 사이에 있는 진짜 나

짠! 어느 날 사람의 모습을 하고 세상이라는 무대에 올라섰다. 그런데 문제가 있다. 무엇을 해야 할지 모른다는 것이다. 그저 빈손으로 던져졌다. 어디서 왔는지, 어떻게 살아야 하는지도 모른다. 아무것도 모르지만 무엇을 모르는지도 모르는 채 살아야 한다. 그것도 잘. 왜 살아야 하는지도 모르는 판에 잘 살기까지 해야 한다니, 머리가 커질수록 불안도 함께 자라난다. 절대 해결하지 못할 것 같은 죽음은 또 어떤가. 절망이 더해진다. 대단한 무언가를 하지 않아도, 삶은 그 자체만으로도 녹록치 않다.

　　어두운 밤길이 무서운 것은 앞이 보이지 않기 때문이다. 불확실한 것은 모두 불안이고, 걱정이고, 두려움이다. 현실의 불안과 다가올 죽음을 어쩌지 못하는 불완전은 인간의 조건이다. 나름 애쓰며 사는데도 늘 뭔가 부족하고 제대로 되지 않았다는 느낌, 결핍이 가시질 않는다. 불안은 인류와 함께 태어난 쌍둥이다. 사람 수만큼이나 많은 불안 때문에 종교가 생겨났다. 내가 불안한 존재니 완전한 누군가가 있어야 했고, 이 세상이 부족하니 온전한 저 세상이 필요했다. 완전한 누군가는 신神이 되고, 온전한 저 세상은 천국, 극락이라고 불렸다.

84

불안을 먹고 사는 종교

인간의 타고난 조건인 불안을 어떻게 해석하고 어떤 대책을 내놓느냐에 따라 종교는 이 모양 저 모양이 되었다. 그 상태를 기독교는 실낙원失樂園한 상태, 죄지은 상태, 타락한 상태로 정의한다. 불교는 진실을 알지 못하는 무명無明, 사리에 어두워 헤매는 미망迷妄, 참眞을 깨닫지 못한 상태로 읽는다. 철학은 내가 나에게서 소외된 상태, 비非본래적 상태, 자아상실 상태로 해석한다.

애당초 종교는 인간의 고뇌를 해결하고 삶의 궁극적인 의미를 추구하는 것이었지만 자본주의 첨병이 된 지금의 종교가 그 역할을 제대로 한다고는 말할 수 없다. 내세來世를 구원의 중심에 두면서 현세現世의 가치를 망각하고, 노심초사 신의 눈치를 살피느라 인간의 정신세계를 경시하는 실수를 범하고 있다. 정신질환이 감기처럼 만연한 현실이 이를 반증한다. 안식을 주어야 할 종교가 오히려 세속적 욕망을 부추기는 주범이 되었다. 대부분의 경우 종교도 믿을만한 내 편이 아니다.

불안의 역설, 그리고 타자의 욕망

시시각각 자신의 존재를 증명하며 살아야 하는 인간은 그래서 늘 염려가 끊이지 않는다. 이 지점에서 눈여겨볼 시선이 있다. 20세기 가장 중요한 철학자로 평가받는 독일의 실존주의 철학자 마르틴 하이데거Martin Heidegger(1889~1976)다. 하이데거는 '불안'이야말로 자신의 존재에 직면하게 하는 '탁월한 기분'이라고 추켜세운다. 불안은 거센 강물을 가로지르는 데 중심을 잡게 해주는 등 뒤의 무거운 짐 같은 것, 힘에 부치지만 살아야 할 이유가 되어주는 '그 무엇'이다. 불안을 아이처럼 업고 자신을 경험해 나가는 것을 우리는 인생이라고 말한다.

불안은 삶을 향한 욕망으로 극복할 수 있다. 모든 생은 불안하고 그래서 더욱 삶을 욕망한다. 언제 맞닥뜨릴지 모를 죽음이 다가오고 있기에 더 잘 살아내고 싶어 한다. 인생은 살고자 하는 욕망덩어리다. 그리고 무엇보다 '나답게' 살고자 하는 구체적인 욕망의 현현이다. 욕망을 보면 사람이 보인다. 그가 누구며, 어떤 사람인지 알게 된다. 욕망은 지금의 나를 이해하는 탁월한 통로다. 나를 알고 싶다면 내 욕망을 들여다보면 된다. 드러낼 수 있는 욕망뿐 아니라 감춰진 욕망, 은밀한 욕망을 섬세하게 감각하고 인지하는 것이 나다움으로 가는 지름길이다. 나는 무엇이 필요한가? 무엇을 얻고 싶은가? 무엇을 희망하는가?

바람에는 두 종류가 있다. 욕구欲求와 욕망欲望이다.

그 둘은 다른가? 프랑스 현대 철학자 르네 지라르René Girard(1923~2015)는 이 둘을 구분한다. 욕구는 본능이다. 몸 안에서 저절로 생겨나는 결핍이다. 흔히 말하는 오욕五欲이다. 식욕·성욕·수면욕·재물욕·명예욕이 여기에 속한다. 한편 욕망은 원래부터 내 것이 아니다. 외부에서 이식되고 수동적으로 내면화된 후천적 욕심欲心이다.

인간의 마음은 거울처럼 타자의 욕망을 그대로 모방하며 내 것으로 삼으려는 경향이 있다. 욕망이 전염되는 것이다. 소비가 존재 이유가 된 현세에는 거의 타자의 욕망을 먹고 산다. 옆집 여자가 든 명품가방이 눈에 아른거리고 아는 형이 타는 고급 스포츠카가 돈을 버는 목적이 되기도 한다. 그 사이 '개근거지'가 될까 봐 눈치 보는 초등학생들이 자라고 있다. 평일에 체험활동 신청서를 제출하고 해외여행 가는 일이 흔해져서 하루도 안 빠지고 학교를 가면 '개근거지'가 된다고 한다. 개근상은 이제 상賞이 아니라 가난의 표상이 되었다.

대다수가 하면 나도 해야 하고, 누구나 가는 '인스타 성지'는 나도 가봐야 한다. "인간은 다른 이들이 바라는 것을 욕망한다." 모방이론의 아버지가 된 지라르의 주장이다. 그의 분석에 따르면 가치는 물건이나 사람에 있지 않다. '세상이 그것을 원하는지 아닌지'로 가치를 가름한다. 그렇다면 어디까지가 내 욕망일까? 부지불식간에 추종하게 된 욕망을 하나하나 걷어내다 보면 진짜 내 욕망, 순순한 나의 바람이 드러나지 않을까? 나만의 욕망을 오롯하게 걸러내는 것은 인생을 나답게 살 수 있는 결정적 방향타가 될 것이다.

욕망의 완성, 자아실현

미국의 심리학자 에이브러햄 매슬로Abraham Maslow(1908~1970)는 인간의 욕구를 다섯 단계로 분류했다. 지금의 내 욕구에 한번 적용해보자. 첫 단계는 생리적 욕구로 생존을 위한 필수 욕구다. 두 번째 단계는 안전 욕구다. 굶주림이 해결된 다음에는 신체적 안전을 위한 필요가 생긴다. 주거의 안전, 일자리 안전 등이 여기 속한다. 세 번째 단계는 소속 욕구다. 생활의 안전이 보장되면 관계가 필요해진다. 공동체에 소속되어 우정을 나누고, 사랑을 주고받으며 친밀한 관계를 유지하고 싶어 한다. 네 번째 단계는 자존에 대한 욕구다. 타인으로부터 능력을 인정받고 소속된 사회단체 내에서 특정 지위나 명예를 얻으려는 욕구다. 자존 욕구는 성취욕과 인정 욕구가 맞물려 자칫하면 스스로 조절하기 어려운 병리적 욕망으로 빠질 위험이 도사리고 있다. 사회적으로 부와 명예를 얻은, 소위 성공한 사람들이 정신질환을 얻거나 파괴적인 인성을 보이는 경우가 여기 속한다. 다 가졌다고 생각하지만 여전히 채워지지 않는 허전함, 그것이 마지막 단계인 자아실현 욕구다. 자아실현은

경제적 풍요나 세상의 인기와는 다른 내면의 갈증이다. 자신만의 고유한 가치를 실현하고자 하는 욕구로 전단계가 '결핍'이라면 자아실현은 '성장'을 추구하는 단계라 할 수 있다.

눈길을 끄는 지점은 매슬로가 훗날 자아실현 욕구를 다시 면밀하게 네 단계로 세분화 했다는 사실이다. 자신이 추구하는 자아실현이 무엇인지 알고자 하는 '인지적 욕구', 질서와 아름다움, 조화를 추구하는 '심미적 욕구', 실질적으로 자기의 잠재력을 발휘하는 '자아실현 욕구', 최종적으로 자기욕구를 넘어 타인을 돕고 세상과의 연결성을 체득하는 '자기초월 욕구'로 성장은 완성을 이룬다.

나다운 욕망

나다움은 불안을 극복한 후의 내가 욕망하는 참다운 바람 속에 깃들어 있다. 순순한 내 욕망을 추출하려면 내 안에 꿈틀거리는 타자의 욕망, 소셜미디어에 범람하는 남들의 포장된 욕망을 분리하는 작업이 필요하다. 내 안에 깊게 자리한 부모의 욕망, 이 사회가 부추기는 맹목적 욕망, 무작정 남처럼 되려 하는 노예적 욕망, 소비로 나를 치장하려는 허망한 욕망 등 진짜 나를 가리는 허울은 의외로 많고 두텁다. 거추장스러운 외투들을 하나씩 벗어버린다면 얼마나 가볍고 홀가분할까?

감당할 수 없는 욕망은 그대로 내 인생을 짓누르는 짐일 뿐이다. 아니 애당초 감당할 필요가 없는 욕망, 쓸모없는 욕망이라는 사실을 알아차리기만 해도 성큼 '나만의 욕망', '나답게 하는 욕망'에 다가설 수 있다. 나를 일으켜 세우는 욕망, 그 하나를 챙겨보자. 그 욕망은 나를 더 괜찮은 사람, 더 친절한 사람, 더 멋진 사람이 되게 하는 강하고 선한 힘이다.

"감당할 수 없는 욕망은 그대로 내 인생을 짓누르는 짐일 뿐이다.

애당초 감당할 필요가 없는 욕망,

쓸모없는 욕망이라는 사실을 알아차리기만 해도

성큼 '나만의 욕망', '나답게 하는 욕망'에 다가설 수 있다."

운전명상

모든 운전자들은 본인이 '어디'로 '왜' 가는지 알고 있습니다.

　　집 앞에 있는 G6100 버스 기사님은 잠실광역환승센터에서 민락동 차고지를 향해 가고, 3호선 지하철을 운행하시는 기사님은 매일 오금역과 대화역으로 향합니다. 도심을 누비는 많은 택시 기사님들은 손님이 원하는 목적지까지 운행을 합니다. 저는 오늘 강의를 위해 파주출판단지로 운전해 가고, 내일은 토요경전명상이 있는 날이라 동부간선도로를 타고 서울 중구를 갈 것입니다. 운전자가 목적지를 모르고 차의 시동을 거는 일은 없습니다.

　　내가 향할 곳을 내가 정해 가는 것. 사는 일과 비슷하지 않나요? 그 누구도 대신 살아주지 않는, 단 한 번뿐인 이생을 '나'는 어떻게 운행하고 있는지 돌아봅니다. 다른 사람의 목적지가 좋아 보여 무작정 따라가고 있는 건 아닌지, 아니면 운전대를 타인에게 맡겨둔 채 어디를 가는지 모른 채 방황하고 있는 건 아닌지도 챙겨봐야겠습니다.

내 삶의 지도는 자기이해입니다. 내 인생의 경로를 드라이브하는 사람은 '나'니까요. 그래서 묻습니다.

나는 누구인가요?
어디를 향해 가려 하나요?
그곳은 왜 가야 하나요?

이 세 개의 질문이 오늘 내 삶의 시동을 거는 열쇠이자 내비게이터이자 연료입니다. 방향을 알고, 가야 할 이유를 알고, 그 길이 어떤 의미인지 선명하면 길 위의 모든 과정이 즐거움이 됩니다. 기왕이면 운전대에서 콧노래를 흥얼거릴 수 있는 유쾌한 운전자가 되면 좋겠습니다. 오늘도 안전운행하세요.

감기는 빠른 속도로 달리는 일상에
브레이크를 걸어
안전을 확보하고 균형을 잡아주는
깜짝 선물입니다.

여섯 숨

나는 내가 만드는 『작품』이다

나는 내가 만드는 '작품'이다

나는 '나'를 얼마나 알고 있나? 남 일에는 관심이 많으면서 정작 자신에 대해서는 잘 알지 못한다. 자기도 모르는 나를 남이 알아주기를 바란다. 자신에 대한 무지無知와 허망한 기대는 잦은 고통으로 나타난다. 크고 작은 모습으로 엄습해 오는 불안은 빨간신호등이다. 잠깐 멈춰 '나'를 좀 봐달라는 존재의 외침이다. 나의 SOS가 무시될수록 괴로움은 무게를 더한다. 죽을 때까지 불안과 괴로움을 이고 지고 살 수는 없는 노릇이다. 조금씩 짐을 덜어내며 가볍게 살 방도를 찾는 것, 그것이 지혜다. 나와 친해지면 나를 더 많이 알 수 있고, 사는 일도 조금씩 수월해진다. 언제 삶의 무대에서 내려와야 할지 모르니 '나에 대한 앎'은 현실적으로 시급을 다투는 중요한 일이다. 그리스 델포이 아폴론 신전도 재촉하고 있지 않은가, "너 자신을 알라"고.

　나는 혼자가 아니다. 나는 세 차원으로 이루어져 있다. 본질적인 나(참나·속나)와 실존적-철학적인 나(자아·몸나·겉나), 그리고 겉나를 속나로 이끌어주는 미학적인 나(얼나)다. 인간의 본성을 구분 지은 세 차원의 나는 각각 나를 포함한 세상이 무엇이고(眞), 어떻게 살아야 하고(善), 무엇을 향유해야 하는지(美)를 말해 준다. 나는 진선미眞善美, 삼위일체다. 이런 나의 보편성과 특수성, 나에게만 있는 창조성을 알아볼 때

'나다운' 삶이 가능해진다. 세상에서 나와 똑같이 생기고, 똑같이 생각하고, 똑같은 삶을 사는 생명체는 없기 때문이다. 나는 천상천하天上天下 유아독존唯我獨尊이다. 나를 대신할 존재가 땅과 하늘 사이 그 어디에도 없는 유일한 존재라는 말이다. 나는 존엄이다.

　　나를 안다는 것은 본질적으로 '나'라는 존재의 무한한 가치를 실감하는 것이며, 실존적으로 이 생을 체험하는 자아(ego, 몸나)의 한계를 인정하는 한편, 나에게만 있는 고유한 색깔을 드러내는 과정 모두를 의미한다. 세 층위가 조화와 균형을 이룰 때 비로소 '나다움', '자기다움'이 오롯해진다. 내 안의 참됨(眞)과 바름(善)과 아름다움(美)을 찾아내는 일이야말로 인생의 최대 프로젝트다. 이렇게 내 삶은 그대로 나의 작품이 된다. 나는 '작품'을 만드는 '예술가'다. 삶보다 더 위대한 작품이 어디 있는가? 우리는 너 나 할 것 없이 이미 창조자다. 그런데 그 사실을 모르고 허구한 날 헤매고, 작아지고 무저갱無低坑(끝없이 깊은 구렁텅이)에서 허덕인다.

　　세 층위의 나 가운데 참나와 얼나는 보물처럼 안에 꼭꼭 숨어있다. 몸나가 끄집어내야만 모습을 드러낸다. 평생 이 작업을 하지 않으면 나는 반쪽도 아닌 삼분의 일로 살아가는 꼴이니 안타깝고 서글픈 일이다. 보물찾기는 몸나의 몫이다. 그리고 나를 찾아 떠나는 여행은 오직 홀로 감당해야 하며, 홀로 있는 시간에 이루어진다. 그런데 많은 사람들이 홀로있음을 버거워한다.

홀로를 견디지 못하고 소음에 기대니 속나는 요원해질 뿐이다. 시끌벅적한 장소에서는 작은 소리와 조용한 움직임을 알아차리기 어렵다.

내 몸의 감각과 생각이 나를 '온전한 나'로 이끌게 하려면 '홀로' 있을 수 있어야 한다. 혼자여야 새소리가 나를 위한 노래로 들려오고, 혼자여야 구름의 우아한 춤에 박수를 보낼 수 있다. 홀로 있을 때 깊이 보고, 오래 만날 수 있다. 파스칼Blaise Pascal(1623~1662)은 "인류의 모든 문제는 홀로 방에 조용히 앉아 있을 능력이 없기 때문에 일어난다."고 했다. 혼자를 견디지 못하고 소음과 잡담으로 감각을 소모하는 것은 동시에 감각을 둔화시키는 것과 같다. 이렇게 혼자인 상태를 나타내는 말이 두 가지 있다. 외로움과 고독.

외로움에서 고독으로

외로움(loneliness)은 '세상에 홀로 떨어진 듯 매우 외롭고 쓸쓸한' 상태를 가리킨다. 외상外傷이 없지만 외로움은 때로 암보다 무서운 병이 되곤 한다. 암은 수치화할 수 있기에 정도에 맞게 대응할 수 있지만 외로움은 경계가 모호해 손도 쓰지 못하고 깊어지기 일쑤다. 어디서부터가 외로움이고, 어디까지가 홀로 견딜만한 상태인지 알 수 없기 때문이다. 방치된 채 깊어진 외로움은 정신을 넘어 몸과 삶을 훼손한다. 문자 그대로 '외로워 죽겠다'고 호소하는 외로움은 보이지 않는 바이러스만큼이나 무서운 '앓이'다.

모두 저마다의 외로움이 있다. 외로움이 삶에 그림자처럼 따라다니고 잡초처럼 흔한 것이라면, 외로움을 병이 아니라 약초로 삼아보면 어떨까? 외로움을 탕기에 넣어 진한 고독으로 달여 내는 것이다. 우리가 앓는 불안의 대부분은 고독의 결핍에 있다. 외로움은 차고 넘치는데 고독孤獨(solitude)은 없다. 둘의 비대칭은 삶의 곳곳에서 불협화음을 낸다. 재미없고 고달프다는 신음으로.

외로움과 고독은 어떻게 다른가. 외로움이 혼자여서 불편한 상태라면, 고독은 혼자 있으면서 편안한 상태이다. 외로움이 스스로 삶의 의미를 찾지 못하는 무력한 기분이라면, 고독은 오히려 타인의 방해 없이 능동적으로 사유하고, 창작하고, 쉴 수 있는 적극적인 홀로있음이다. 폴 틸리히Paul Tillich(1886~1965)는 외로움과 고독의 차이를 이렇게 말한다.

"우리 언어는 인간이 혼자인 것의 양면을 현명하게 포착했다. '외로움'은 혼자 있는 것의 아픔을 나타내기 위해 생긴 표현이다. 또 그것은 혼자 있는 것의 영광을 표현하기 위해 '고독'이라는 어휘를 만들었다."

아픔이 될 수도, 영광이 될 수도 있는 '혼자 있기'의
양면성에는 존재의 비밀이 숨어 있다. 혼자인 상태를 스스로
회복하고 창조하는 시간으로 대면할 수 있다면 고독은 견줄
데 없는 해방과 자유로 보답한다. 18세기 말, 영국에서는
400년이 넘는 세월 동안 사람들의 '혼자 있기'를 고찰한 책
한 권이 출간되었다. 요한 게오르그 치머만Johann Georg
Zimmermann(1728~1795)이 쓴 『고독에 관하여(Solitude)』라는
책이다. 이보다 200년이나 앞서 혼자 사는 즐거움을 찬양한
사람은 『수상록(The Essays)』을 집필한 프랑스 철학자
몽테뉴Michel Eyquem de Montaigne(1533~1592)다.

"이제 우리는 동반자 없이 혼자 살기로 작정하였으니,
우리의 행복은 우리 자신에게 달려 있습니다. 자신을 다른
사람들한테 묶어놓은 속박에서 느슨히 풀어놓으세요. 진정으로
혼자 살 수 있는 힘을 얻도록 합시다. 아주 만족스럽게!"

고독에 천착한 요한 치머만의 해법은 명료하다. "최고의
힘은 유연한 고독에 있다. 그것으로 타인의 존재도, 타인의
부재도 견딜 수 있다." 홀로 태어나 홀로 떠나는 인간은 존재하는
내내 외롭거나 고독하다. 애써 덜 외롭고 더 고독하기로 하자.
'따로 또 같이'가 편안해질 무렵 외로움은 진한 에스프레소에
녹아드는 설탕처럼 달콤한 고독을 남기고 흔적도 없이

사라진다. 이제 눈앞에 놓인 향 좋은 커피 맛을 즐기기만 하면 된다. 동서양을 막론하고 고금古今의 지혜 전통은 '홀로있음'의 중요성을 강조한다. 힘 중에서 가장 센 힘은 '홀로 있을 수 있는 힘'이다.

『중용(中庸)』은 '신독愼獨'을 성인聖人이 되는 길이자 수신修身의 길로 정하고 있다. 신독은 남이 보지 않는 상태에서 스스로를 지키며 자기 그림자에 부끄러움 없는 것을 의미한다. 주체를 심화하는 시간이다. 자기 속에 뿌리를 내리는 일은 오롯이 자기 홀로의 몫이다. 홀로 충만할 수 있을 때 둘도, 셋도 원만하다. 신독은 나를 위하고 타자를 돕는 자리이타自利利他의 지름길이다. 『도마복음』도 홀로의 중요성을 강조한다. "예수께서 말씀하셨습니다. '홀로이며 택함을 받은 이는 행복합니다. 나라를 찾을 것이기 때문입니다. 여러분은 거기서 와 그리로 돌아갈 것이기 때문입니다."라고.

"진리는 홀로 있을 때 우리와 더 가까이 있다. 홀로있음 속에서 보이지 않는 절대 존재와 대화하는 일이 인디언들에게는 가장 중요한 예배다. 자주 자연 속에 들어가 혼자 지내본 사람이라면 홀로있음 속에는 나날이 커져가는 기쁨이 있다는 것을 알 것이다. 그것은 삶의 본질과 맞닿는 즐거움이다."

법정, 『홀로 사는 즐거움』(샘터사,2004)

101

'홀로있음'은 분열된 내면의 역사를 재구성한다. 생의 어느 한 마디도 잘라내거나 부정하지 않고 일관된 의미로 통합하는 삶의 연금술이다. 가히 혁명이라 할 수 있는 존재의 질적 변화는 고요한 숨과 단순한 삶에 깃든다. '홀로 있는 힘'이 길러지면 외로움은 모습을 바꾼다. 선한 친구, 누구보다 믿음직한 벗이 된다. 홀로 멈추는 시간이 많을수록 흔들리지 않는다. 온전해진다.

창조적 고독을 찾아서

외로움을 '나다운 고독'으로 승화하는 방법에는 무엇이 있을까? 집 근처를 산책하고, 좋은 책을 읽고, 편안한 음악을 듣는 것, 이 모두가 지극히 일상적인 활동이지만, 가만히 혼자 수행하면 문제투성이인 이원성二元性의 세계에서 벗어나게 해준다. 현상의 왜곡을 뚫고 본질에 다가가게 해주는 좋은 입구다. 온갖 것들에 통하는 하나의 바탕이 있다면 그것은 침묵이다. 침묵은 시비是非하지 않는다. 침묵은 무궁무진無窮無盡이다. 말없이 혼자 걸을 때 말을 걸어오는 땅의 소리, 하늘의 소리를 듣게 된다. 내 속에 너무도 많은 '나'들, '나'라는 퍼즐을 맞춰가는 고독은 모두 말 없음, 침묵 속에서 이루어지는 기적이다. 흩어진 나는 이윽고 하나가 된다.

고독은 자기를 회복하고 무한히 자유로워지려는 경향이다. 집단에 속하지 않으면서 외로움을 느끼지 않는 고독은 정체성을 반추하는 휴식이자 묵은 삶의 방식에 맞서는 터전이 된다. 고독과 친해질수록 영혼은 새로워지고 생각은 가지런해진다. 내가 가야할 곳, 닿아야 할 곳, 훨훨 날아야 할 곳은 '나'다. 그 어디보다 나에게 더 가까이, 속히 이르는 길을 우리는 '명상'이라고 말한다. 명상을 통해 낯선 고요를 연습해 보면 어떨까? 외로움을 명상에 갈아 넣으면 고독이 된다. 고독은 신神이 머무는 자리다. 신은 고요하다. 지금은 명상으로 든든한 나를 마중하고, 내 안에 사는 신과 하나 될 수 있는 아주 좋은 때다.

"내 몸의 감각과 생각이
나를 '온전한 나'로 이끌게 하려면
'홀로' 있을 수 있어야 한다.
홀로 있을 때 깊이 보고,
오래 만날 수 있다."

감기명상

"콜록, 콜록" 아주 가끔 맞이하는 손님이 있습니다.

어느 해는 일 년 내내 소식 한번 없다가 불현듯 찾아오기도
합니다. 무례한 듯 반가운 특별한 손님은 '감기'입니다.
이 손님을 맞으면 저절로 일상이 '잠시 멈춤' 상태가 되니
그렇습니다. 번호표를 뽑고 기다리는 분주한 일상은 셔터를
내리고 "개인 사정으로 잠시 쉽니다."라고 안내문을 걸어 둡니다.
공식적으로 쉬어도 되는 안전한 상태가 되니 이제부터는 '오직
아플 뿐' 모드로 마음을 전환하고, 모처럼 휴가를 얻은 양 한껏
무위無爲의 즐거움을 누립니다.

온몸과 온 마음으로 '귀한 손님'을 환대합니다. 세상에
감기와 나만 있는 것처럼 온전히 함께 합니다.

살아있는 의식은 누워있는 몸에게 말합니다.

"어서 와! 여기는 감기월드야. 너는 자유야. 여기서는
아무것도 안 해도 돼. 그냥 푹 아프기만 하면 되는 거야. 맘껏
누려."

몸이 끄덕이며 답합니다.

"그래. 다른 생각 말고 100퍼센트 아프기만 하자."

임사 체험과 같은 시간이 지나면 터널을 지나온 듯 가볍고 밝은 빛의 마중을 받습니다.

이 짓궂은 손님은 빠른 속도로 달리는 일상에 브레이크를 걸어 안전을 확보하고 균형을 잡아줍니다. 바쁘다는 핑계로 방치했던 몸에 휴식도 주고, 따끈한 생강차를 음미하며 몸이 있는 자리에 마음이 머물도록 돕습니다.
다시, 일상으로 나아갈 힘이 생겨납니다.

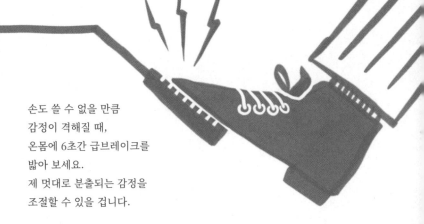

손도 쓸 수 없을 만큼
감정이 격해질 때,
온몸에 6초간 급브레이크를
밟아 보세요.
제 멋대로 분출되는 감정을
조절할 수 있을 겁니다.

일곱 숨

습관을 넘어 통찰로

저절로

생각하지 않아도 저절로 되는 일들이 있다. 능숙해진 운전이 그렇고 몸에 밴 습관이 그렇다. 오랜 시간 반복한 행동은 뇌에서 '자동화'가 이루어진다. 한정된 에너지로 온몸을 관장해야 하는 뇌의 현명한 판단이다. 앉는 자세, 밥 먹는 습관, 단 것에 손이 가는 버릇, 절로 나는 담배 생각, 이 모든 것들과의 거리두기가 힘든 이유다. 더 큰 복병은 마음에 있다. 마음도 습관이다. 본시 원숭이마냥 한곳에 가만있지 못하고 여기저기 뛰어다니는 기질인데다(실제로 인간의 DNA는 침팬지와 97.6퍼센트, 긴팔원숭이와 94.7퍼센트 일치한다.) 습관까지 더해지니 내 마음이지만 내 것이라 하기 어렵다. '내 마음이 내 마음대로 안돼!'는 모두의 비명이지만 성가시다고 마음을 팽개치고 살 수도 없다. 물건도 아닌 것이 유리보다 깨지기 쉬운 요물妖物이라 그렇다. 요지경瑤池鏡인 마음, 몽키 마인드monkey mind를 잠재울 방도는 없을까? 갈피 잡기 어려운 마음을 길들일 우회도로가 있다. 물성物性을 지닌 뇌腦를 통해 바람 같은 마음을 들여다보는 방법이다. 손에 잡히는 물질세계는 손가락 사이로 빠져나가는 추상세계를 이해하는 데 중요한 실마리를 제공한다.

내가 '저절로' 하는 일은 무얼까? 뇌를 들여다보기 전에 우선 '나의 습관'이 무엇인지 생각해 보자. 특히 바꿔보고 싶은

항목이 있다면 글로 써봐도 좋다. '1. 핸드폰 중독, 2. 미리 걱정하기, 3. 남과 비교하기,' 같은 식이다. 애쓰지 않아도 절로 되는 자동화의 콘텐츠가 무엇이냐에 따라 삶의 질이 판가름 난다. 그러니 저절로 하게 되는 '그 일'이 내게 이로운 것이 아니라면 이참에 자기수행의 주춧돌로 삼아 내가 내 마음의 주인이 되는 실험을 해보자.

사람은 바뀌지 않는다?

"사춘기가 지나면 뇌를 구성하는 신경원(뉴런)은 변화하지 않는다." 근대 뇌과학의 아버지로 불리며 신경계 구조에 대한 연구로 1906년 노벨생리의학상을 수상한 산티아고 라몬 이 카할Santiago Ramón y Cajal(1852~1934)의 말이다. 그가 주창한 뉴런 이론이 그간의 정설이었다. 지금이야 자기공명영상(MRI) 장치나 컴퓨터 단층촬영(CT) 같은 첨단기술로 뇌를 쉽게 들여다볼 수 있지만 19세기말까지만 해도 뇌는 현미경으로만 그 일부를 관찰할 수 있는 막연한 세계였다. 하지만 어릴 적 화가를 꿈꾼 카할의 그림솜씨는 방대한 양의 아름다운 신경세포 그림과 연구 기록을 남겼고, 2017년 유네스코 세계기록유산에도 등재되었다. "뇌는 변하지 않는다"는 카할의 말은 그가 이룩한 세계적 권위와 함께 사람들에게 당연한 것으로 자리 잡았다.

'그럼 그렇지, 사람은 바뀌지 않는다.'는 회의적인 시선으로.

　　정말 그럴까? 오늘날 뇌과학자들은 인간의 뇌를 하얗게 눈 덮인 대지에 비유한다. 새하얀 눈밭에 하나둘 사람이 지나다니기 시작하면 어느새 선명한 흙길이 생기는데, 그것이 '습관'이다. 자주 하는 일(身), 자주 하는 생각(意), 자주 하는 말(言)은 하나도 빠짐없이 뇌에 흔적을 남긴다. 짙은 흔적은 탄탄대로가 된다. 굳어진 습관은 콘크리트로 만든 고속도로와 같다. 신호등도 없으니 머뭇거릴 필요 없이 고속으로 내달리면 그뿐이다. 아무리 다짐해도 작심삼일을 넘기기 어려운 이유다. 심지어 이 고속도로가 내리막길 급경사라면? 우린 그것을 '중독'이라고 부른다. 습관도 가속이 붙는다. 하지만 좌절하지 말자. 눈은 또 내리고, 뇌도 리셋이 가능하다.
　　부정적인 생각에서 길을 잃고, 걱정을 사서 하고, 과도한 사회관계망 접속에서 헤어 나오지 못하는 것, 우울감과 권태를 오가는 것은 뇌의 신경연결망이 강하게 연결된 상태이다. 습관을 바꾸는 방법은 '새 길'을 만드는 데 있다. 습관이 된 행동을 개선하려면 다른 길을 내는 데 공을 들여야 한다. 내가 원하는 새 도로를 디자인하고, 설계 도면에 따라 공사에 착수해 준공할 때까지의 과정을 '수행修行', '수련修練', '연습練習'이라고 한다. 마음습관을 새로 익히고, 몸부림을 갈고닦는 일이다. 삶은 마음공부라는 씨줄과 몸수련이라는 날줄이 드러내는 한 장의

자수刺繡다. "뇌는 변하지 않는다"는 카할의 말이 흔들리기
시작했다.

나는 변할 수 있다!

세상 만물이 무상無常한데 뇌만 고정될 수는 없다. 뇌의
변화 가능성과 변화하는 매커니즘이 밝혀진 건 20세기가
훌쩍 지나서다. 1949년 캐나다 심리학자인 도널드 올딩
헵Donald Olding Hebb(1904~1985)의 세포조립이론(cell
assembly theory)이 오랜 상식을 깨고 변화의 포문을 열었다.
헵은 "특정한 정신활동이 특정한 신경연결구조를 새롭게
만들어낸다. 따라서 우리가 떠올리는 특정한 생각이나
감정이 우리 뇌에 특정한 흔적을 남긴다."고 주장하면서
뇌가소성腦可塑性·신경가소성(Neural Plasticity) 이론의 발판을
마련했다. 반복되는 경험이 근본적으로 신경회로를 재구성하고
뇌의 변화를 수반한다는 반가운 소식이다.

　　　보통 성인의 뇌는 1.4킬로그램 안팎으로 평균 체중의
2퍼센트도 안되지만 혈액의 25퍼센트, 몸 전체가 쓰는
에너지의 20퍼센트를 쓴다. 우리 뇌는 뉴런neuron이라는 약
860억 개의 신경세포가 다른 뉴런과 정보를 주고받으며 100조
개가 넘는 연결망을 만든다. 뉴런과 뉴런 사이의 빈 공간인

시냅스synapse로 특수한 신경전달물질이 오가며 생각과 행동을 유발하고, 시행된 행동은 다시 뉴런의 연결패턴에 영향을 준다. 뉴런과 뉴런 사이에 반복적으로 정보 소통이 이루어지면 둘 사이의 연결은 공고해지고, 뉴런 간의 상호 작용은 기억과 습관을 형성한다.

　　뇌의 변화 가능성을 밝힌 신경가소성은 내가 스스로의 변화를 추동하고, 완성할 수 있다는 물리적 복음이다. 지금 내 마음습관이, 습관이 된 특정 행동이 마음에 들지 않는다면 뇌의 변화 가능성을 믿고 몸과 마음의 주인이 되는 '마음 리폼reform공사', '행동 재개발공사'에 착수하면 된다. 연어는 알을 낳으려고 바다에서 민물로, 수천 킬로미터의 거센 강물을 거슬러 오른다. 연어도 하는데 가장 고등한 생명체라는 인간인 내가 못한다면 연어 볼 면목이 없다. 수행은 도도하게 흐르는 운명이라는 거센 강물을 고고하게 거슬러 오르는 위대한 몸짓이다.

세상에서 가장 행복한 사람

습관이라는 장애를 딛고 부족한 자기를 뛰어넘는 위업을 달성해 낸 사람들이 있다. 2002년 미국 위스콘신대 와이즈먼 두뇌이미지 및 행동연구소(Weizmann Institute of

Science: Visual Brand Identity)가 재미있는 실험을 했다.
'세상에서 가장 행복한 사람'이 누구인지를 검증하는 시도다.
자기공명영상(MRI)이라는 기술 진보로 가능한 흥미로운
실험이다. 인간의 뇌에는 다섯 종류의 뇌파가 흐른다. 깊은 잠에
빠졌을 때는 초당 1~4헤르츠의 주파수를 나타내는 델타(δ)파,
'반짝'하는 창조적 아이디어나 문제의 실마리가 발현되는
가수면 상태(명상상태)에서는 초당 4~8헤르츠의 세타(θ)파,
안정과 휴식을 취할 때는 초당 8~12헤르츠의 알파(α)파,
생각과 걱정을 오가는 일상생활에서는 초당 12~30헤르츠의
베타(β)파, 마지막으로 인체의 신비를 보여주는 주파수로 초당
30~80헤르츠를 나타내는 감마(γ)파다.

대개 긴장모드인 일상에서 휴식모드로 전환할수록
주파수는 낮아지는 경향을 보이는데, 예외적으로 고도의
주의집중이 이루어지면 두뇌의 광범위한 영역에서 뇌세포
기능이 하나로 통합되는 공조현상이 일어난다. 이른바
신경공조성(neural synchrony)이다. 장기간 명상을 해온
사람들에게서 나타나는 현상으로 소위 '깨치는(覺)' 경험을 할 때
나타나는 주파수다. 공조현상은 뇌 안에서 수많은 신경회로들이
하나로 연결되는 것처럼 행위자가 자신과 타인, 자신과 세상의
연결성을 강하게 느끼고, 무한한 사랑과 자비심을 경험하게
한다. 언어로 표현할 수 없는 무경계 체험이다. 나와 남, 안과

밖을 구분 짓는 자아가 용해되고 비(非)이원성을 체득하는 순간의 신비체험이라 할 수 있다. 손쉽게 할 수 있는 경험은 아니지만 고도의 집중이 지속되면 누구에게나 가능한 일이다. 욕심부리고(貪), 화내고(瞋), 어리석은(痴) 행동을 반복하는 '부족한 나(ego)'에 주저앉지 않고 좀 더 괜찮은 사람, '온전한 나(참나)'로 살겠다는 견고한 의지와 꾸준한 노력이 필요할 뿐이다. 볼록렌즈를 통과한 햇빛이 한 점에 모이면 마른 종이에 불을 일으키듯, 마음을 한곳에 모으면 우리 안에서도 두려움과 걱정이 불에 타고, 가없는 사랑과 감사의 빛이 켜진다.

첫 단계는 베타파에서 알파파, 알파파에서 세타파로의 전이를 자주 시도하는 일이다. 알파파는 행복주파수다. 위 실험에서 '세상에서 가장 행복한 사람'이라는 세상 멋진 별명을 얻은 사람은 티베트불교의 명상수행승인 욘게이 밍규르 린포체Yongey Mingyur Rimpoche(1975~)다. MRI 촬영에서 밍규르 린포체의 뇌에서는 행복을 느낄 때 나오는 알파파가 일반인의 7~9배에 달하는 독특한 뇌 활동이 확인되었다. 행복은 가능하다. 행복도 연습이다. 마음이 마음처럼 나를 돕지 않으니 뇌를 써보자. 어려운 공부를 하라는 말이 아니다. 습관처럼 짜증내고 버럭 화내게 만드는 '투쟁-도피 신경계'를 끄고, 느긋하게 몸을 이완하게 해주는 '부교감신경계'를 켜는 훈련이다. 의식적으로 편도체를 다독이면 뇌는 스트레스 호르몬인

코르티솔을 내보내고 행복호르몬 세로토닌이 그 자리를
대신한다. 일상에서 잦은 문제를 일으키고 불행하게 만드는
주인공은 내가 아니라 편도체다.

　　　외부의 자극을 위협으로 감지하는 뇌의 레이더, 편도체가
쉬어야 내가 편하다. 습관적으로 과도하게 반응하는 편도체를
잠재우려면 감정과 의식을 분리하는 응급처치를 반복 실시한다.
괴로운 나를 '괴로워 죽겠다'는 감정과 분리해 '괴롭구나'하고
인정한 뒤 힘든 감정이 지나가길 기다려준다. 전전두피질과
전측대상피질이 편도체에 난 불을 끄는 과정이다. 감정을 보는
나, 뇌가 스스로를 분석하는 능력이 '메타인지(Metacognition)'다.
똑똑하다는 돌고래는 말할 것도 없고 AI도 넘볼 수
없는 인간 고유의 능력이다. 감정에 빠지지 않고 감정을
자각하는 것, 감정과 나를 분리해 감정을 풍경처럼 바라보는
훈련이다. 편도체가 꿈틀할 때마다 '잠깐만!'하고 멈추자.
일시정지(‖) 버튼을 누르는 것이다. 일단 멈춤을 상황에 대한
판단중지(epoché)로 이어간다. 위기의 순간마다 급브레이크를
밟는 사마타Samatha(止) 명상이다.

인체의 비밀, 송과선松科腺(Pineal gland)

우리가 달라질 수 있는 가능성은 또 있다. 정수리 백회百會에서

수직으로 내려오고 미간에서 수평으로 들어가면 쌀 한 톨 정도의 작은 샘을 만난다. 뇌의 가장 깊은 곳에 위치한 송과선은 송과체(pineal body), 모양이 솔방울과 닮아서 '솔방울샘'이라고 한다. 17세기 르네 데카르트René Descartes(1596~1650)는 송과선의 위치에 대한 심오한 의미를 간파하고 송과선을 인간의 영혼이 깃든 곳이자 '고로 존재하게 하는 생각'이 여기서 생성된다고 주장했다. 송과선은 포유동물의 뇌 속에 있는 작은 내분비기관으로 세로토닌의 신호를 받아 멜라토닌 호르몬을 만들어 계절과 일생의 리듬에 따라 수면 패턴을 조절하는 데 결정적인 역할을 한다. 잠을 주관하는 송과선은 빛에 반응하는 능력, 감광성(photosensitivity)을 가지고 있다. 빛, 잠, 눈, 예사롭지 않은 단어들의 집이다. 송과선은 기원전부터 인류의 고대문명이 주목한 영성체다.

태양빛을 수신해 인체를 밝히는 송과선은 내면의 눈이자 '제3의 눈(The third eye)'으로 통한다. 두 눈이 '있음'을 보는 눈이라면 송과선은 '없음'을 보는 눈이다. 없지만 있는 보물들, 높은 수준의 각성과 통찰이 열리는 눈이다. 눈을 뜬다는 것은 빛을 보는 것이다. 어두운 무지는 사라지고 밝은 지혜가 나타난다. 인도의 지혜 전통에서는 '아즈나 차크라Ajna Chakra'를 가리킨다. 아름다운 파괴·창조적 파괴를 맡고 있는 파괴의 신 시바Shiva의 눈이다. 현대 인도인들은 두 눈썹 사이에 빨간 점을 찍어 현생에서 시바의 눈이 떠지길 염원한다.

고대 이집트에는 호루스의 눈(The Eye of Horus)이 있다. 호루스의 눈은 태양의 눈이다. 태양으로 신격화된 파라오의 왕권을 보호하는 부적으로 완전함과 지혜, 풍요를 상징한다. 호루스의 눈은 부위별로 여섯 감각을 의미하고 수학적 신비가 깃든 것으로 해석되고 있다. 우주의 신비를 함축하는 호루스의 눈은 그래서 산 자와 죽은 자 모두의 부적으로 사용된다.

제3의 눈은 경계를 허물고 새로운 세상을 펼쳐 보여준다. 우리는 모두 빛에서 왔다. 그 빛은 송과선이 있는 곳처럼 은밀한 곳에 숨어있다. 있음에 휘둘리는 두 눈을 감고 없음을 감지하는 내면으로 들어가면 봉인된 빛에 도달할 수 있다. 닿으면 빛이 발한다. 오매불망寤寐不忘 내가 오기만을 기다려온 그, 안에서 불 밝히는 환한 빛은 뜨거운 포옹이다. 명상의 미덕이다.

명상은 충전이다

뇌는 수다쟁이다. 가만히 있을 때도 뇌는 쉼 없이 재잘거린다. 외부에 주의를 기울이지 않을 때, 멍때리고 있을 때도 뇌 여기저기서는 바쁘게 연결이 일어난다. 온갖 생각이 제멋대로 과거와 미래를 오간다. 이처럼 의도하지 않았는데도 활성화되는 뇌의 상태를 '디폴트모드 네트워크Default Mode Network(DMN)'라고 한다. 뇌가 몸 에너지의 20퍼센트를 쓰는 이유가 여기에 있다. 뇌는 우리가 잠을 잘 때도 일한다. 부지런히 꿈도 만들고, 심지어 말도 하게 한다. 그럼 뇌는 언제 쉴까? 집중할 때 쉰다. 집중은 과거와 미래가 없는 상태이다.

가만히 두면 이 일 저 일을 오가며 오지랖 피우느라 고단하지만 '한 가지'에 몰입할 때 뇌는 절전모드로 전환한다. 선택과 집중이다. 뇌를 위해 가장 피해야 할 것이 다중작업(multitask)이다. 동시에 여러 일을 진행하는 다중작업은 중요한 것을 유지하는 능력을 저하시키고, 무엇이 중요한지 혼란하게 하며, 쉽게 주의를 흐트러트린다. 뇌는 열일을 하는데 효과는 없고, 몸은 피곤하다. 인지과학자 허버트 사이먼Herbert Simon(1916~2001)은 "정보가 소비하는 것은 주의력이다. 풍부한 정보는 주의력의 빈곤을 의미한다."고 지적한다. 다중작업으로 손해 보는 것은 집중력만이 아니다. 이해력, 분석력, 공감 능력 저하로 이어진다. 산만함을 부채질하는 주범이 있다. 불필요한 정보로 뇌를 자극하고 피로를 가중시키는 핸드폰이다. 편도체의 공범이다.

한 번에 하나씩 하는 게 잘하는 일이고, 잘 사는 삶이다. 산만하지 않고 한 가지에 몰입할 수 있으니 에너지는 효율이 극대화된다. 순도 높은 에너지 활용은 꽤 괜찮은 결과물과 자기효능감(self-efficacy)으로 나타난다. 설거지할 때 설거지만, 운전할 때 운전만, 밥 먹을 때는 음식을 씹고 넘기는 일에만,

책 볼 때 책에만, 음악 들을 때 음악에만, 일할 때는 그 일에만 집중하면 그게 바로 명상이다. 집중을 연습하는 것이 좌선이다. 집중이 습관이 되면 얼마나 좋을까! 매일 밥 먹듯 명상수행을 하면 된다. 그것이 '반려伴侶명상'이다. 늘 나와 동행하고 나를 토닥이며 쓰다듬어주는 명상이다.

이렇게 명상하는 동안 뇌는 충전할 기회를 얻는다. 집중과 몰입의 반복은 단순히 뇌를 쉬게 할 뿐 아니라 뇌를 기능적으로, 구조적으로 바꾼다는 사실이 최근 뇌과학이 밝힌 연구 결과이기도 하다. 명상은 습관을 넘어서 집중하는 힘을 기르고, 나아가 제3의 눈이 뜨이는 초월로 인도한다. '오늘을 사는 뇌'가 '잘 사는 뇌'다. 오늘이 영원이다.

스트레스 완화를 위한 마음챙김 명상(MBSR)

스트레스가 일상이 된 현대인들에게 명상은 오아시스와 같다. 여러 형태의 명상 중에서 이 스트레스 완화에 방점을 찍어 만든 명상이 '스트레스 완화를 위한 마음챙김 명상(Mindfulness Based Stress Reduction)'이다. 줄여서 MBSR로 통용된다. MBSR프로그램은 주당 2시간씩 8주간 진행된다. 프로그램은 명상, 몸과 마음의 인식, 스트레스를 관리하는 기술을 다룬다. 참가자들은 일상생활에서 자신의 감정과 몸 상태를 더 잘 인식하게 되면서 과도한 스트레스에서 벗어나고 현재를 사는 능력을 배양하게 된다. MBSR은 수많은 연구를 통해 스트레스 감소와 우울증, 불안증, 만성통증 등의 개선에 효과가 있다고 알려졌다.

MBSR에서 가장 중요한 것은 '지금 이 순간을 의도적으로 판단하지 않고, 호흡이나 감각에 주의를 기울이는 것'이다. 의식하지만 반응하지 않는다. 생각은 오고 가게 둔다. 어떤 감정이나 생각도 붙들고 키우지 않는 훈련이다. 호흡을 이용한 명상, 심신의 감각을 알아차리기 위한 바디스캔, 입안에 건포도를 넣고 그 맛과 질감을 음미하면서 지금·여기를 자각하는 건포도명상 등이 있다. 꼭 건포도가 아니어도 좋다. 주머니 속에 있는 오래된 사탕이나 껌을 하나 입에 넣고 지금 바로 '스트레스 완화를 위한 마음챙김 명상'을 시도해 볼 수 있다. 사탕이 녹듯 스트레스가 스르르 사라지고, 껌을 씹을 때마다 나를 힘들게 하는 스트레스가 잘게 분쇄될 수도 있다.

"지금 내 마음습관이, 습관이 된 특정 행동이 마음에 들지 않는다면

뇌의 변화 가능성을 믿고 몸과 마음의 주인이 되는

'마음 리폼reform공사', '행동 재개발공사'에 착수하면 된다."

일시정지명상

"일시정지, 스톱Stop!" 앞으로 나아가는 것만큼 중요한 것이
있습니다.

　서야 할 때 정확하게 그 자리에 서는 것, 정지停止입니다.
도로 위에 수많은 자동차들이 제 갈 길을 탈 없이 갈 수 있는 것도
촘촘하게 설계된 정지선 덕분입니다. 교통 흐름을 가로막지 않는
우회도 일단 브레이크를 꾹 밟고 '일시정지'한 후에 진행해야
합니다. 잠시 멈춤은 교통사고를 막는 참 좋은 주문입니다.

　교통사고는 인간과 인간 사이에서도 발생합니다.
살면서 말이나 행동이 급발진하면서 일으킨 '관계추돌사고'나
'소통마비상태'를 경험한 적 있나요? 일상에서 이성으로 조절되지
않는 감정의 오작동은 생각보다 흔히 발생합니다.

　하버드대 연구진은 감정이란 '감각기관이 받아들인
느낌이 주관적으로 해석되면서 0.02초 안에 발생하는 것으로
이성이 막을 수 없는 것'으로 정의합니다. 거리의 무법자와 같은
감정 문제를 해결하는 방법으로 '6초의 기적'을 제시합니다.
자동반사적인 감정은 어쩔 수 없지만 행동은 선택할 수 있습니다.

감정이 급발진하기 전에 온 힘을 다해 6초간 급브레이크를
밟아보세요.

긴 시간도 아닙니다. 큰 숨 한 번만 깊이 들이마셨다가
천천히 내쉬면 지나가는 시간이니까요. 숨만 한번 잘 쉬어도
관계에서 일어나는 교통사고를 막을 수 있습니다. 한숨의
기적입니다.

"일시 정지, 스톱Stop! 올 라이트All right~" 일시 정지
수행입니다. 모든 것이 순조롭게 흘러갑니다. 오늘도 평안입니다.

말은 입을 통해 발화하지만
사람의 내면 상태는
시선이나 손놀림을 통해
흘러나오기 마련입니다.

여덟 숨

나의 『얇은 곳』은?

뜨거운 만남이 이루어지는 장소

만남이 강렬할 때가 있다. 마치 세상에 나와 그 대상만
존재하는 것처럼 뜨거운 만남. 나와 너는 분리된 둘이지만
서로에게 홀리는 순간, 둘은 하나가 된다. 일 더하기 일이 둘
아닌 '일자一者'가 되는 만남은 나를 비로소 나답게, 너를 이윽고
너답게 한다. 산다는 것은 끊임없이 만나는 것이다. 그 가운데
어떤 만남을 경험하느냐가 인생을 좌우한다.

    '만남'의 의미를 곱씹은 두 명의 철학자가 있다. "진실로
'나'는 '너'와의 직접적인 관계를 매개로 해서만 버젓한 '나'가
된다. 내가 '나'가 됨에 따라 나는 너를 '너'라고 부르게 된다. 모든
참된 삶은 만남이다."고 했던 독일의 사상가 마르틴 부버Martin
Buber(1878~1965)가 있고, '만남'을 자기 철학의 중심어로 삼은
전남대 철학과 김상봉(1960~) 교수가 있다. 김상봉은 서양의
개인주의를 자신에게 몰입하지만 결국 자기를 상실하고 죽음에
이르는 '나르시스적 홀로주체성'이라 이름 짓고, 타자와의 만남
속에서 자기를 사유할 때 자기 파괴적인 분리를 극복할 수 있다고
부연한다. "나의 주체성이 너와의 만남을 배제하는 것이 아니라
도리어 너와의 만남 속에서만 온전히 생성되고 정립된다는
것을 드러내는 것"으로 홀로주체성의 한계는 극복되고, 만남에
의해 생성되는 서로주체성으로 완성된다. 김상봉에게 만남은
모든 것에 앞서가는 "'처음'이자 존재의 아르케arche, 곧 존재의

시원이자 원리(principium)"이다. 그러나 참된 만남은 존재의 시작뿐 아니라 나의 '주어져 있음'이 언제나 무엇이 '될 수 있음'에 참여하는 윤리적 행동으로 완성된다고 강조한다.

홀로에서 서로로, 서로에서 모두로 존재를 확장하는 것은 인격체와의 만남에만 국한되지 않는다. 한 장의 그림, 한 점의 조각처럼 예술 작품을 의미 있게 만나는 순간도 홀로의 벽을 넘어 동그란 서로가 되게 한다. 이십 대 유학 시절 도쿄 어느 미술관에서 만난 조르조 모란디Giorgio Morandi(1890~1964)의 그림은 흡사 자연에 압도당하는 것과 같은 숭고 체험을 불러일으켰다. 그날 그 만남의 충격은 세월을 비껴갔다. 사로잡힘, 희열, 정화가 온몸에 각인돼 '모란디'라는 이름만으로도 그 순간의 생생한 경험이 소환된다. 스위스 시인 필립 자코테Philippe Jaccottet(1925~2021)도 나와 같은 경험을 했나 보다. 그가 남긴 책『순례자의 그릇, 조르조 모란디』는 구구절절 나의 경험을 대필한 모란디 깊이 읽기다. 모란디의 그림은 한 편의 시다. 그림으로 시를 쓴 그는 평생 자그마한 아틀리에에 자신을 가두고 수행자처럼 사물의 본질과 단순함에 깃든 '거의 모든 것'을 궁구했다. 모란디를 이해할 수 있는 흔적으로는 그림 외에 두 권의 책도 있다. 17세기 프랑스 수학자이자 물리학자인 파스칼과 이탈리아 문인 중 단테Dante 다음으로 영향력이 있다는 자코모 레오파르디Giacomo

Leopardi(1798~1837)의 책이다. 모란디의 침대 머리맡에는 늘 두 사람의 책이 놓여있었다고 한다.

극도로 말을 아낀 모란디가 어느 날 친구에게 파스칼에 대한 자신의 생각을 털어놓았다. "파스칼이 한낱 수학자였다 치자. 그는 기하학을 믿었어. 그것이 별것 아니라고 생각해? 수학과 기하학으로 거의 모든 것을 설명할 수 있어. 거의 모든 것을 말이야." 일상에 흔해 빠진 물건을 집요하게 응시하는 모란디의 사진 속 모습을 떠올리게 하는 말이다. 그 시선은 그릇 하나에 '세상의 거의 모든 것'을 꺼내고 담아내려는 응축이라 할 수 있다. 어쩐지 모란디가 인물화를 그리지 않은 이유도 알 것만 같다. 그는 질박한 그릇 몇 개와 꽃병, 창밖으로 보이는 풍경화만 그렸다. 한평생 고수했던 '조용한 삶(still life)'은 고스란히 그의 손끝을 타고 정물화(still life)로 녹아들었다. 꽃 한 송이, 그릇 몇 개가 앉은 듯 선 채로 화폭 한가운데서 정면을 향하고 있을 뿐인데, 그것을 마주하는 사람의 마음, 아니 온 존재를 밑동부터 흔들어놓는다. 모란디로 책 한 권을 써낸 자코테는 자신의 경험을 이렇게 말한다. "그 무언가를 통해 나는 태초부터 타인들과 이어져 있었으며, 이제야 망명에서 돌아온 것처럼 내 마음이 온통 뒤흔들렸다."고. 그리고 모란디가 분신처럼 남긴 작품을 해설한다.

"다 비우고 집중하는 모란디의 기술이 발전하면 할수록,
그의 정물화에 나오는 물건들은 먼지와 재나 모래 위에
우뚝 선 기념비처럼 존엄성을 띠게 된다. … 해가 가고 달이
갈수록, 그의 그림은 정상을 향해 더 높이 올라가는 듯하다.
처음 떠오르는 단어는 '고귀함', '우아함' 등이다. 나는 어느
순간 모란디의 회화에서 요한 제바스티안 바흐의 숙달된
솜씨를, 특히 바흐가 〈음악의 헌정〉, 〈골드베르크 변주곡〉,
〈푸가의 기법〉 등의 작품에서 펼치는 빼어난 변주 솜씨를
떠올렸다."

예술가가 남긴 흔적은 창작자가 길어 올린 정신의
집체(集體)다. 정밀하게 마름질 된 정신은 섬세한 에너지로 존재와
비존재 사이를 경계 없이 오간다. 모란디가 물질을 매개로 추구한
본질의 투명함, 벼리고 벼린 후에 길어 올린 단순함에 깃든
진실은 그를 만나는 이들에게 자신의 본성을 느끼게 하고 덧없는
세상을 두 팔로 끌어안게 하는 은밀한 향기로 옮겨온다. 모란디의
향기는 호소력 짙은 침묵이다. 말없이 나에 대해 모두 말하는
듯한 작품 앞에서 나는 속으로 오열했다. 20대 중반의 경험, 그날
이후 모란디는 나의 '얇은 곳(thin places)'이 되었다.

'얇은 곳'이란 5세기 영국 북부 켈트족의 영성에서
유래한 개념으로 온전히 마음이 열리는 곳을 의미한다. '마음이

열린다'는 것은 인간의 참 본성을 가로막는 에고의 장막이
찢어지면서 모든 이분법적 경계가 사라지는 내적 경험을 말한다.
베일이 걷히면 나와 대상은 낮과 밤이 서로에게 스며드는 해거름
노을처럼 한 몸이 된다. 얇은 곳에서 인간은 '몸의 나'를 여의고
'얼의 나'가 세상을 직접적으로 경험하고, 신비에 의해 양육된다.
이런 경험을 할 수 있는 얇은 곳은 다양하다. 지리적으로
특정 종교 전통이 남긴 성지聖地가 될 수도 있고, 하늘과 땅이
닿아있는 사막이나 큰물이 하늘로 이어지는 바다일 수도 있다.
음악이나 그림 같은 예술, 시詩와 문학도 작은 나를 흩어지게
하는 얇은 곳이 되곤 한다. 때로는 사람도 사람을 비추는 얇은
곳이 된다. 붓다나 예수와 같은 성자聖者는 대표적이다.

　　　먼 옛날로 거슬러 오르지 않아도 어쩌다 안으로 공부가
많이 돼 주변을 맑게 하는 이들을 보게 된다. 그런 사람들과는
잠시 곁을 나누는 것만으로도 순수한 에너지를 얻게 된다.
그리고 가장 중요한, 나 스스로 얇은 곳이 될 수 있는 침묵이
있다. "잠잠하여 내가 하느님임을 알라." 성서의 말씀처럼 침묵
속에 머물 때 내 안에 현존하는 '그분'과의 합일을 경험할 수
있다. 침묵은 말뿐 아니라 몸이 함께할 때 강력해진다. "때때로
인간의 다양한 몸부림을 생각해 보니 … 인간의 불행은 단
한 가지에서 비롯된다. 방에서 가만히 쉴 줄을 모른다는 것."
파스칼의 성찰이다. 조용히 헤아려본다. "나의 얇은 곳은
어디인가?"

내겐 모란디의 그림이, 영원을 빚은 권진규의 자화상이,
허다한 물소리가, 호주 원주민 싱어송라이터 구루물Gurrumul의
노래가, 베토벤의 교향곡이, 바그너의 〈탄호이저 서곡
(Tannhäuser Overture)〉이, 하루의 수고를 위무하듯 매일 찬란한
아름다움을 안겨주는 석양이, 바다가 만드는 수평선이, 세상에서
가장 아름다운 심포니를 연주하는 새소리가, 고요한 선방禪房에
가지런히 놓여있는 좌복이, 숨겨진 나를 보게 하는 헤세Hermann
Hesse의 문학이, 자주 말을 걸어오는 구름이 모두 나의 얇은
곳이다. 최근엔 카운터테너 이동규의 음색이 더해졌다. 통장
잔고는 늘 아슬아슬 곡예를 하지만 켜켜이 얇은 곳에 둘러싸인
덕분일까 결핍을 알지 못한다. '나는 얇은 곳 부자다.' 이런 내적
고백이 오늘을 충만하게 한다.

　　얇은 곳은 모두 아름답다. 아름다움은 구원이 된다.
아름다움은 몰아沒我적 사랑이다. 악마의 유혹에 넘어가 영혼을
팔았던 파우스트Faust는 메피스토펠레스와의 거래에서는
실패했지만 아름다움으로 삶 전체를 부활시켰다. "멈추어라.
너 정말 아름답구나!" 어떤 삶이든 세상을 있는 그대로,
아름다움으로 긍정하는 영혼은 신도 대적할 수 없다. 아름다움의
힘, 아름다움과의 조우遭遇, 너무 빛나 태양처럼 똑바로 쳐다볼
수 없는 심미적 체험의 의미를 칸트는 적확하게 표현했다.

"우리는 아름다운 것을 음미하면서 머무른다.

왜냐하면 이 음미는 자기 자신을 강화하고

재생산하기 때문이다."

이는 어떤 의도나 목적 없이 대상을 응시할 때 일어나는 순수한 자기감응이다. 바깥에 있는 아름다움이 안으로 들어오면서 깊이 잠든 본성을 일깨우고, 그 힘을 강화하고 재생산하는 기적 같은 일. 고통이 씻겨나가고 영혼이 거듭나는 체험, 카타르시스katharsis. 아름다움이라는 심미적 만족감은 순수하게 인간의 정서를 함양한다. 자기 자신을 강화하고 재생산하는 아름다움이란 우리의 정신을 이성이 개념화할 수 없는 경지로 이끌어 그곳에서 끊임없이 사유하게 하는 촉매다. 분리된 나와 세계를 잇는 매개다. 인간의 영혼은 아름다움을 먹고 자란다. 아름다움을 맛보려면 얇은 곳을 찾아야 한다. 차곡차곡 나만의 얇은 곳을 모으는 하루, 또 하루는 저절로 멋진 삶이 된다.

"'얇은 곳'이란 5세기 영국 북부 켈트족의

영성에서 유래한 개념으로 온전히 마음이 열리는 곳을 의미한다.

'마음이 열린다'는 것은 인간의 참 본성을 가로막는

에고의 장막이 찢어지면서 모든 이분법적 경계가 사라지는

내적 경험을 말한다."

손짓명상

사람을 만나면 어디를 보시나요?

저는 먼저 눈빛을 보고, 다음엔 자연스레 손짓을 보게 됩니다. 말은 입을 통해 발화하지만 사람의 내면 상태는 시선이나 손놀림을 통해 흘러나오기 마련입니다. 손짓은 무의식이 하는 말이니까요.

대화 중에 유난히 삿대질 같은 손놀림을 자주 하는 사람이 있는가 하면 이야기 내내 손 놓임이 편안하고 움직임도 물처럼 자연스러운 사람이 있습니다. 전자는 현란한 손짓이 공격적으로 느껴져 어느 순간 듣는 일이 불편해지고 말하는 내용도 귀에 잘 들어오지 않게 됩니다. 반면 후자의 손놀림은 때에 맞게 한 번씩 말을 따라 움직이는 손 모양새가 우아한 춤 같아 저절로 상대의 이야기에 귀를 기울이게 됩니다.

손짓은 혼자 있을 때도 '말'을 합니다. 책상을 두드리며 파열음을 내기도 하고, 팔짱에 갇혀 있거나, 입에 물려 손톱이 뜯기는 고행을 겪기도 합니다.

혹시 불안이 주위를 맴돌고 있다면 오른손을 가만히 가슴에 올려 보세요. 심장의 꿈틀거림이 손바닥으로 전해지면서 온몸을 쉬게 합니다. 손이 생기를 받아마십니다.

유난히 마음이 산란하고 생각이 많을 때는 양손을 모아봅니다. '합장合掌'은 여러 갈래로 나뉜 복잡한 마음을 하나 되게 하는 마법의 손짓입니다. 양손을 가슴 앞에 모으는 순간 지금은 성스러운 예배가 됩니다. 가지런히 맞댄 손은 시끄러운 마음을 잠재우고 경외를 마중하는 기적의 손짓입니다.

하루에 한 번, 손 모아 나를 만나 도란도란 이야기를 나눠보세요. 여러분의 손은 어떤 말을 하고 있나요?

'시간을 훔친다'는 의미로
재량껏 자기 속도로 연주할 수 있는 구간
나만의 속도, '템포루바토'가 있기를 바랍니다.

아홉 숨

음악, 비극을 전복시키는 느낌표

소리와 침묵 사이, 음악명상

와락, 소리에 안길 때가 있다. 마치 태양을 끌어안듯 내면의
어둠이 썰물처럼 빠져나가는 소리를 듣는 순간이다. 이럴 때
소리는 빛이자 생기 그 자체가 된다. 아무 의도 없고 욕심
없는 순수 자연의 소리가 그렇고, 음악이 그렇다. 소리를 타고
세상이라는 담을 훌쩍 넘어 우주의 파동과 공명할 때 일어나는
현상이다. 소리를 통해 소리의 뿌리인 거대한 침묵에 닿는다.

예술이 된 소리, 음악에는 힘이 있다. 그 힘은 강력하다.
지친 마음을 쉬게 하고 아픈 몸을 치유한다. 모르는 사람에게
동지애를 느끼게 하고, 듣는 이의 영혼을 투명하게 정화한다.
무엇보다 지금의 나를 넘어서는 초월(transcendence)을 선사한다.
일찍이 철학자들은 불현듯 황홀과 경외를 체험하게 하는 음악에
주목했다. 공자孔子(BCE 551~479)는 주周 문왕과 무왕이 지었다는
'아성雅聲'으로 "마음을 닦고 집안을 다스리고 나라를 다스릴 수
있다"고 했다. 실제로 여러 악기를 연주했던 공자에게 음악은
바른 마음(正心)을 얻게 하는 바른 소리(正音), 말 그대로 수행의
방편이었다. 조선 성종 때(1493년) 편찬된『악학궤범(樂學軌範)』
서문은 "음악은 하늘(天)에서 생겨 사람에게 머물고 허공(虛)에서
나와 자연으로 이루어지는 것이라 사람의 마음을 감동시켜
혈맥을 뛰게 하고 정신에 흘러 통하게 한다."고 밝히고 있다.
음악은 하늘의 이치와 맞닿아 있는 듯하다.

300년 후 독일에서 난 철학자 쇼펜하우어Arthur Schopenhauer(1788~1860)의 사유도 이와 상통한다. 쇼펜하우어는 음악을 '개체로 분열되기 이전의 하나 된 세계의지'로 통찰한다. 그의 음악이 만물의 운행을 떠올리게 한다면 니체Friedrich Wilhelm Nietzsche(1884~1900)의 음악은 우여곡절 많은 생의 한가운데로 내려와 곁에 앉은 친구 같다. 니체에게 음악은 인간의 정신을 말하는 '우주의 언어'이자 비극적 삶을 무한히 긍정하는 운명애運命愛(Amor Fati), '힘에의 의지'로 작용한다. 음音의 순수예술성이 돋보이는 절대음악(Absolute music)이 몸으로 흘러들어 안에서 통할 때마다 위대한 음악가의 정신을 음미하게 된다. '세계 자체의 의지'로 빛을 발하는 소리는 끝없는 생기, 삶을 향해 무한한 '힘에의 의지'로 차오르기 때문이다.

비극의 탄생과 음악의 힘

삶은 연극이다. 가끔은 희극, 대개는 비극인. 나고 늙고 병들고 죽는 것, 사랑하는 것과 헤어지는 것, 싫어하는 것과 만나야 하는 것, 너무 갖고 싶은데 가질 수 없는 것, 왜곡된 나에 대한 집착 등, 이 모든 게 실은 '비극'이 아니라면…, 삶은 무엇일까? 니체의 첫 작품 『비극의 탄생(Die Geburt der Tragödie aus dem Geiste der Musik)』에서 힌트를 얻을 수 있다. 삶은

'디오니소스적Dionysos的인 것'이라고.

신神에게 쩔쩔매던 시대에 주저 없이 "신은 죽었다"고
외쳤던 사람, 세상의 편견을 부수는 망치질로 자신의 고통까지
뚫고 나아간 사람, 니체의 거침없는 사유는 쇼펜하우어 철학과
바그너 음악을 토대로 불이 붙고, 이 둘을 극복하는 과정에서
깊이를 더해갔다. 비극의 탄생, 이게 무슨 말인가?

붓다는 인생을 '고통의 바다(고해苦海)'로 봤다.
그렇다. "행복의 원인은 아주 드물고 고통의 원인은 아주
많다."(『입보리행론-인욕품』) 힘든 일 다음에 또 힘든 일, 쓰고
고달픈 삶은 오감五感을 지닌 인간 삶의 실존이자 기본값이다.
붓다의 고해는 니체에 이르러 '비극悲劇'이 되었다. 그리고 붓다가
사제팔정도四諦八正道(네 가지 진리와 여덟 가지 올바른 삶의 길)로
허다한 괴로움을 훅 꺼버리는 니르바나nirvana, 해탈解脫을
선포했듯이, 니체는 비극 속에 감춰진 생기를 찾아 비극의
거듭남, 비극의 새로운 탄생을 선언한다.

비극이라는 탈을 쓴 삶에는 반듯함(아폴론적인 것)과
자유분방함(디오니소스적인 것)이라는 두 얼굴이 있고, 이 둘의
절묘한 균형은 삶을 '아름다운 것'으로 승화시킨다. 니체는
슬픔에서 기쁨을 추출해 내는 연금술 같은 과정을 고대 그리스
신화에서 찾는다. 음악은 인간이 처한 비극적 삶에서 초월과
질적 변화를 경험하게 하는 강력한 통로가 된다.

그리스적인 것

왜 그리스인가? 니체가 그리스 비극에 주목했다는 사실은
흥미롭다. 고대 그리스만큼 '인간적'인 사회는 없었기 때문이다.
기원전 5세기 전후 '축의 시대(Axial Age)'는 걸출한 인류의
정신문화가 동시다발 만개했다. 인도에서는 힌두교와 불교가,
이스라엘은 유대신교로, 중국은 유교와 도교로, 그리고 애당초
결을 달리한 그리스에는 철학적 합리주의가 뿌리를 내렸다.
시작부터 완전히 다른 사유체계를 확립한 고대 그리스인들은
철저하게 하늘이 아닌 땅, 신이 아닌 인간을 고민하고 비극으로
가득한 인간의 삶에서 해방구를 찾으려 몸부림쳤다.

　　　고대 그리스 철학자 프로타고라스Protagoras(BCE
485~410)는 "만물의 척도는 인간이다. 존재하는 것들에 대해서는
존재하는 대로, 존재하지 않는 것들에 대해서는 존재하지
않는 대로 두라."고 했다. 소피스트들의 영향을 크게 받은
에우리피데스Euripides(BCE 484~406)의 말은 더욱 선명하다.

> "하늘에 신들이 있다고 생각하는가? 아니, 그런 것은 없다.
> 어리석게도 낡은 동화를 고수하겠다고 마음먹지 않는다면
> 말이다. 우리 각자의 누스nous(지성·정신·영혼)가 신이다.
> 스스로 생각해 보라. 그냥 내 말을 받아들이지 말고."

이미 기원전에 나타난 사유다. 사람 위에 군림하는 신의 초월적 권위를 인정하지 않고 온갖 감정이 난무하는 인간의 경험과 이성적 판단으로 삶을 이해하려던 그리스인의 정신에 니체의 눈길이 머문 것은 어쩌면 당연한 것이기도 하다. 죽음까지 끌어안을 수 있었던 그리스인에게 비극은 그대로 삶의 정화淨化였다.

아무렇지 않은 듯 비극을 승화하는 '그리스적인 것'에는 두 가지 힘이 있다. 아폴론적인 것과 디오니소스적인 것. 전자가 완벽과 절도, 균형을 상징하는 논리적 지성이라면 후자는 거친 감정과 신비적 일체감을 주는 도취. 니체는 비극이 난무하는 삶에서 '계속 살아가도록 유혹하는 삶의 보완이자 완성'으로 예술을 소환한다. 아폴론적인 것은 조형예술이 되고 디오니소스적인 것은 비非조형예술이 된다. 아폴론적인 예술은 거리를 두고 바라보게 하지만 디오니소스적인 예술은 그 속에 빠져들어 합일하게 한다. 이 둘은 대조적이지만 우열을 가리거나 서로 적대하지 않는다. 하지만 니체는 선을 넘게 하는 파격의 힘(의지)인 디오니소스적인 성향에 사유의 돋보기를 들이댄다. 그리고 디오니소스적 초월의 통로를 바그너의 음악에서 발견한다.

음악은 세계의지, 그 자체

디오니소스적 예술로서의 음악은 현상세계라는 파도 밑에
도도하게 흐르는 '세계의지' 그 자체다. 음악을 통해서 인간은
자신과 자신이 놓인 비극적 현실을 극복하고 세계의지라는
심연深淵에 도달하기 때문이다. 슬픔이 음악에 녹아들면
'슬픔 자체를 아름답게 경험'하게 되는 신비가 된다. 니체는
'음악이 사물 이전의 보편적인 것'이라는 의미를 강조하기 위해
쇼펜하우어의 말을 그대로 인용한다.

> "음악은 모든 다른 예술처럼 현상에 대한 모사模寫가
> 아니라 의지 자체의 직접적인 모사이며, 따라서 세계의 모든
> 물질적인 것에 대해 형이상학적인 것, 모든 현상들에 대해서
> 물자체를 표현하기 때문이다. 따라서 우리는 세계를 구체화
> 된 음악, 구체화 된 의지라고 부를 수 있을 것이다. … 음악은
> 모든 형태화에 선행하는 가장 내밀한 핵심, 사물의 심장을
> 제공한다."

『비극의 탄생』의 원래 제목이 '음악 정신으로부터의
비극의 탄생'인 것에서 알 수 있듯이 니체 스스로 이 책은
"음악의 비밀에 참여하는 사람들을 위한 책으로 음악 세례를
받고 공통의 드문 예술 경험에 의해서 처음부터 맺어져 있는

사람들을 위한 '음악'이며, 또한 예술에서 피를 함께 나눈
사람들을 식별하기 위한 인식표"라고 말한다. 니체에게 음악은
디오니소스적 예술의 순순한 힘을 경험하게 하는 또 다른
자연이다. "그대들은 나처럼 존재하라! 현상의 끊임없는 변천
속에서 영원히 창조하고, 인간이 생존하도록 영원히 강제하며,
현상의 이러한 변천에 영원히 만족하는 근원적 어머니인 나를!"
음악을 통해 자연의 외침이 들려올 수도 있다. 니체를 전율하게
했던 바그너의 음악처럼.

서양음악사는 바그너 이전과 이후로 나뉜다. 바그너
Wilhelm Richard Wagner(1813~1883)는 음악계의 칸트로 통한다.
그는 전통 오페라를 혁신해 음악연극(Musikdrama, 악극)으로
탈바꿈하면서 현대음악의 포문을 열었다. 바그너는 말(노랫말)과
행위(연기)가 주였던 당대 오페라와는 달리 음악으로 말하고
음악으로 이야기를 풀어가는 형식의 오페라를 무대에 올렸다. 첫
화성부터 불협화음으로 시작한 〈트리스탄과 이졸데(Tristan und
Isolde)〉(1859)는 반음계의 불협화음, 이른바 '트리스탄 코드'라는
파격적 선율로 남녀 주인공의 불안과 고통을 돋을새김했다.
전대미문의 바그너 음악에 심취한 니체는 이 음악을 코드로
그리스 신화에 굳게 잠긴 비극의 자물쇠를 풀었다. 그는
불협화음에 대한 충격적 경험을 이렇게 표현한다.

"우리는 듣기를 원하면서도 동시에 듣는 것을 넘어서
동경한다. 명료하게 지각된 현실에서 최고의 쾌감을
느끼면서도 무한한 것으로 진입하려는 노력, 즉 동경의
날갯짓은 우리가 두 가지 상태 속에서 어떤 디오니소스적
현상을 인식해야만 한다는 사실을 상기시킨다. 이러한
디오니소스적 현상은 항상 새롭게 반복해서 우리에게
개체의 세계를 건설하고 파괴하면서 유희하는 것을 근원적
쾌감의 분출로서 계시하는 것이다."

음악은 비극을 전복시키는 느낌표

니체는 물었다. "비극은 어디에서 유래하는 것인가? 어쩌면
기쁨으로부터, 힘으로부터, 넘쳐흐르는 건강으로부터, 과도한
충만으로부터 유래한 것이 아닐까?"

그리고 스스로 답한다. "넘치는 생명, 고뇌, 쾌락의
한가운데에, 숭고한 황홀경에 잠긴 채 앉아있는 것이 비극인
것이다. 그들의 이름은 광기, 의지, 비통함이다." 그리고 당부한다.
"내 친구들이여, 나와 함께 디오니소스적 삶과 비극의 재탄생을
믿자. 이제 과감히 비극적 인간이 되라. 그러면 그대들은 구원될
것이다."라고.

니체가 본 그리스인의 비극은 인간을 강화하고 건강하게

만드는 삶의 대★긍정이었다. 니체의 물음표는 비극을
전복시키는 느낌표가 되었다. 아모르파티! 니체가 선언한 지극한
운명애다. 디오니소스적 예술은 우리에게 '삶의 영원한 즐거움'을
확인시키고, 우리 안에 융합된 '근원적 일자'를 느끼게 한다.
각자의 몫이 있다. 이 비극을 비극으로 끝낼 것인지 아니면
비극에서 부활할 것인지 선택해야 한다. 오늘도 하늘에는 지지
않는 별이 있고, 땅에는 넘쳐나는 음악이 있고, 내 안에는 멈출
줄 모르는 '생의 의지'가 있다. 디오니소스적 황홀 속에서 근원적
희열과 하나 되고, 이 희열의 불멸성과 영원성을 맛보는 일,
그것이 비극의 탄생이다.

구루물의 음악

"나는 날 때부터 앞을 보지 못했어요. 이유는 알지 못해요.
하지만 신은 알아요. 내 영혼이 새롭다는 걸." 제프리 구루물
유누핑구Geoffrey Gurrumul Yunupingu(1971~2017)가 담담히
자신의 이야기를 노래하는 곡 〈히스토리(History)〉의 도입부다.
그의 세상은 처음부터 끝까지 어둠이었다. 날 때부터 시각
장애를 가진 그는 자신의 비극적 운명을 노래로 긍정했다.
구루물은 호주의 작은 섬 엘코Elcho 원주민이다. 오랫동안
비밀처럼 조용히 수만 년을 살아온 조상의 삶과 자연을

욜릉구Yolngu어로 말하듯 노래한다. 마치 천상의 새가
지저귀듯이.

　　　그래서일까 뜻 모를 그의 노래를 듣다 보면 언어와 분별이
사라지고, 서툰 있음이 씻겨나간다. 나는 사라지고, 그 자리는
이유를 알 수 없는 눈물이 대신한다. 영국의 싱어송라이터
스팅Sting(1951~)은 그에게 '고귀한 존재의 목소리'라는 찬사를
보냈다. 구루물의 노래 중 〈위야뚤Wiyathul(longing for place)〉은
언제나 영혼의 안식처이자 '작은 나'가 소멸하는 성소聖所다. 칠흑
같은 어둠 속에서 우주를 노래한 사람, 구루물의 어둠은 노래로
빛을 발한다. 그의 숨은 고스란히 노래가 되고, 그의 어둠은 듣는
이에게 고요가 되었다. 구루물의 음악은 사람을 침묵하게 한다.
아름다운 음악으로 하늘과 땅과 사람을 이은 메신저, 지금은 할
일을 마치고 시공을 초월한 그의 영혼에 깊은 사랑을 보낸다.

소리와 하나 됨

"자연의 나무나 돌이 건네는 말을 듣고 싶다. 바람의 소리,
땅의 소리에 귀 기울이고 싶다. 그러면 지금까지 보이지 않았던
세계, 새로운 공간이 보일 것 같다." 재일한국인 건축가 유동룡
이타미 준Itami Jun,伊丹潤(1937~2011)의 말에 나의 바람을
얹는다. 평생 고국을 그리며 경계를 허무는 삶을 살았던

이타미 준은 끝내 국적을 포기하지 않았다. 한국으로 갈 수 있는 출구, 이타미(伊丹) 공항은 본향을 향한 그리움을 품은 채 그대로 자신의 이름이 되었다. 흙, 나무, 돌, 건축을 이루는 온갖 소재에서 무無를 체감하며 시간과 함께 익어가고 곱게 사그라질 '앞으로의 집'을 지은 사람. 평생 고국을 그리던 그의 마음이 제주 저지예술마을 한편에 안착했다. 영원히 한국에서 머물 그의 집은 '유동룡미술관'이라는 문패를 달고 있다. 비나리던 어느 날 그의 집을 찾아 말간 제주무차를 마시며 그가 남긴 발자국 소리를 들었다. 그날의 빗소리와 투명한 차, 예술가의 혼이 어우러진 시공은 삶의 비극이 존재의 지극한 아름다움으로 변하는 성소였다.

소리에는 힘이 있다. 슬픔마저 아름다움으로 경험하게 하는 힘, 듣는 순간 본향으로 되돌리는 힘, 현존을 회복하게 하는 힘. 다양한 소리를 들을 수 있다는 것은 다양한 에너지원을 가지고 있다는 뜻이다. 옳고 그름 없는 소리, 세상의 모든 소리는 나를 알게 하는 지표指標다. 소리를 통해 나를 경험할 수 있다. '눈을 감으면 모든 소리가 음악이 된다'고 말하는 영화 〈어거스트 러쉬(August Rush)〉의 주인공 러쉬의 대사는 오늘을 사는 내 마음의 수용성을 돌아보게 한다. 나는 세상의 소리와 어떻게 만나고 있나? 세상이 내는 소리는 '나'를 튜닝하는 으뜸음이다. 하늘 소리가 장엄한 북소리로 들리고, 땅 소리가 그윽한 첼로 소리로, 물소리가 부드러운 피아노 선율로 스며들면 마음이 내는 소리에도 귀가 열릴 듯하다. 오늘도 음악이 삶을 음미하게 한다. 일상을 사유하게 하는 소리, 음악은 그렇게 명상이 된다. 무의식의 바다에서 음악으로 노 저으며 유영遊泳할 수 있다.

소리명상

바다에는 끝없이 물결이 인다. 왜일까? 존재하는 모든 것이 파동(wave)을 지니고 있기 때문이다. 만물은 끊임없이 움직인다. 살아있다는 증거다. 물결은 바다가 쉬는 숨이요, 파도는 바다가 추는 춤이다. 파동의 밀도는 힘이 되고 진동이 만들어내는 파형은 멋이 된다. 소리는 힘이고, 멋이다. 70퍼센트가 물로 이루어진 인간의 몸은 그래서 소리에 쉽게 공명한다. 외부의 파장이 몸과 동기화된다. 둘이 합해 하나가 된 소리에는 강력한 힘이 작용한다. 분리된 몸과 마음을 하나로 잇는 명상이 소리와 단짝을 이루는 연유다.

　　　뇌파를 즉각 자극해 명상상태에 이르게 하고 몸속 세포들에 우아한 미소를 선사하는 소리들이 있다. 물소리, 빗소리, 풀벌레소리, 새소리, 나뭇잎들이 부딪히는 소리, 모닥불소리, 파도소리, 낙엽 밟는 소리 등 자연이 내는 소리는 모두 명상으로 이끈다. 인간이 만들어내는 아름다운 소리로는 목소리가 있고, 음악이 있다. 경전을 소리 내 읽는 낭창郎唱은 단음으로 부르는 성악聲樂이라 할 수 있다. 불교의 범패梵唄, 이슬람의 아잔azān, 가톨릭의 그레고리안Gregórian 성가에는 모두 짙은 명상성이 깃들어 있다. 종교가 아니어도 단조로운 소리가 성스러움을 자아내는 음악은 여럿 있다. 러시아 낭만주의 작곡가 라흐마니노프Rachmaninoff(1873~1943)의 〈보칼리제(Vocalise)〉와 네덜란드 피아니스트 윱 베빙Joep Beving(1976~)의 연주가 대표적이다.

몸통을 악기 삼아 뜻보다 소리 자체가 담고 있는 에너지와 색깔을 명상 수단으로 삼는 지버리쉬gibberish 명상도 있다. 말은 있지만 뜻이 없거나, 뜻을 모르는 소리명상이다. 참된 말, '진언眞言'으로 번역하는 만트라Mantra는 '마음을 자유롭게' 하는 대표적인 소리 명상이다. 마음은 '말(言)'을 빌어 꿈틀거린다. 마음이 짓는 고통도 그렇다. 내가 만든 개념에 맞지 않는 것들, 내 마음에 들지 않는 것은 모두 고통이다. 작게는 불만, 크게는 분노가 된다. 나도 태우고 남도 태우는 불같은 화. 괴로움의 알맹이는 내가 지은 말로 이룬 성城이다. 이 견고한 망상의 성을 모래성으로 흩어지게 하는 것이 온갖 종류의 지버리쉬, 뜻 모를 소리명상이다. 잘 알려진 '옴ॐ' 만트라는 소리로 이성의 한계를 넘고, 소리 자체가 만드는 떨림과 울림으로 육체와 정신의 조화를 이루는 명상법이다. 티베트에 '옴마니밧메훔Oṃ Maṇi Padme Hūṃ', 서양에 '아브라카다브라Abracadabra'가 있다면 동양에는

'수리수리 마하수리 수수리 사바하修里修里 摩訶修里 洙修里
沙波訶'가 있다. 모두 정화와 염원이 담긴 주문들이다.

　　　特정 종교에 기대는 것이 꺼려진다면 '나만의 만트라'를
만들 수도 있다. 애니메이션 영화 〈라이온 킹(Lion King)〉의
삽입곡 '하쿠나 마타타Hakuna Matata'는 어떤가. 스와힐리어로
'문제없어!'란다. '아무 걱정 없어, 모든 게 잘될 거야' 쯤으로
의역할 수 있다. 만트라로 읊조리기 딱 좋은 구문이다. 뜻도 좋고
운율도 입에 감긴다. 손안에서 한알 한알 염주나 묵주 돌리듯
마음속으로 혹은 소리 내어 내가 만든 주문을 반복해 외워보자.
마음을 다하는 만트라는 무엇이든 명상이다.

　　　도구를 이용한 소리명상도 있다. 대표적인 것이 노래하는
그릇, 싱잉볼singing bowl이다. 싱잉볼 소리는 분주한 인간의
뇌파를 느린 파장으로 안정시킨다. 이완을 돕고 몸 에너지의
균형을 잡아 자연치유력을 높이고 감정적 트라우마나 나쁜
기억을 놓게 하는 효과가 있다. 싱잉볼이 내는 맥놀이(beat)
파동(2~8헤르츠)이 우리 뇌파를 알파파-세타파-델타파로 빠르게
전환해 온몸을 이완하고 '온전히 쉬지만 선명하게 깨어있는'
명상상태로 전이를 돕는다. 인도의 현자들은 우주의 소리인
나다Nada와 자신을 조화시키기 위해 일찍부터 소리의 원리를
이용해 왔다. 세계적인 요가지도자 스와미 시바난다Swami
Sivananda(1887~1963)는 "소리는 형태를 만들어내는 진동"이라고

말한다. 그래서인지 시바난다요가에는 동작에 아름다운
챈팅chanting이 접목돼 있다.

시시때때로 일상에 소리명상을 심어보자. 비가 오면
빗소리에 온전히 귀를 열어보고, 라디오에서 흘러나오는
베토벤이나 바흐, 라흐마니노프의 선율에 가만히 마음을
실어보는 거다. 유난히 마음이 갈피를 잡기 어려울 때는 내가
정한 만트라를 외고, 밤에 잠자리에 들기 전에는 조용히 싱잉볼
소리에 주파수를 맞춰볼 수도 있다. 시끄러운 마음이 가라앉고
다소곳한 고요가 기품 있게 자리할 것이다. 그리고 시간이
나면, 아니 일부러 시간을 내어 자주 자연의 품에 들자. 자연이
내는 소리만큼 힘 있고 아름다운 건 없으니까. 클릭을 넘어서
접속하자. 자연에 접속, 자주자주.

"예술이 된 소리, 음악에는 힘이 있다.

그 힘은 강력하다. 지친 마음을 쉬게 하고 아픈 몸을 치유한다.

모르는 사람에게 동지애를 느끼게 하고,

듣는 이의 영혼을 투명하게 정화한다. 무엇보다 지금의 나를 넘어서는

초월(transcendence)을 선사한다."

음악명상

세상은 온갖 파장이 만들어내는 소리로 가득합니다.

수많은 소리 중에 가장 아름답게 조율된 소리를 우리는 음악이라고 하지요. 우리 몸은 음악에 쉽게 공명합니다. 태교 음악부터 공부할 때, 잠잘 때 듣는 음악 등 우리 몸을 둘러싼 음악은 종류도 다양합니다. 독자 여러분은 어떤 음악을 좋아하시나요? 저는 모든 장르의 음악을 좋아하지만 일상에 배경처럼 두는 음악은 클래식입니다.

여러 악기들이 하모니를 이루는 클래식은 뇌파와 동기화하면서 내면의 치유와 정화를 경험하게 합니다. 클래식 음악을 듣고 있을 때의 뇌에서는 울던 아기가 엄마 품에 안겼을 때 나오는 프로락틴 호르몬이 나온다는 사실, 알고 계셨나요? 수백 년 전에 탄생한 곡들이 연주자에 따라 다르게 해석되고, 그때마다 색다른 감동을 전하니 클래식 음악은 시공을 초월하여 살아있는 소리임에 틀림이 없습니다.

다양한 악상기호 중 템포루바토Tempo Rubato의 매력은 각별합니다. '시간을 훔친다'는 의미로 이 부분은 연주자가 악보에 매이지 않고 재량껏 자기 속도로 변주할 수 있는 구간입니다. 전체를 훼손하지 않으면서 표현되는 미묘한 템포의 변화는 듣는 이에게 또 다른 감흥을 선사합니다.

문득, 우리 삶도 하나의 음악과 같다는 생각이 듭니다. 여러분은 어떤 속도로 한해를 연주하셨나요? 알레그로(Allegro, 빠르게)나 비바체(Vivace, 아주 빠르게) 같은 나날은 아니었는지 돌아봅니다. 여러분의 곡에도, 어떤 구간에는 나만의 속도, '템포루바토'가 있기를 바랍니다.

깨진 마음이 내는 신음 소리를 글자로 옮겨보세요.
마음 생김새를 글로 그리며 이면지를 활보하다 보면
어느 순간 통증이 가시기 시작할 겁니다.

열
숨

감
각
과
감
정,
분
리
하
기

감정의 숲

오늘 당신의 기분은 어떤가? 아침엔 맑았는데 오후엔 먹구름
가득한 우울의 언저리를 배회하고 있거나, 그 반대일 수도 있다.
갈피를 잡을 수 없는 감정 흐름이 어디 오늘 뿐이겠는가. 내
기분 변화를 날씨 예보처럼 일주일 단위로 살펴보면 어떨까?
일상에서 내가 자주 경험하는 감정이 무엇인지 알아보는 것이다.
나는 주로 어떤 기분을 맛보며 살아가고 있는지 돌아보자.

　　　인간의 삶은 기쁨, 슬픔, 불안, 걱정, 사랑, 분노,
욕망, 환희 같은 감정의 숲에 싸여있다. 인간을 다른 동물과
구별해주는 이성이나 지성도 감정 없이는 기능할 수 없다.
감정을 분석하면서 이성이 싹트고, 각 감정이 불러일으키는
느낌을 이해하면서 지성이 자란다. 어쩌면 삶이란 아마존 같은
감정의 미로에서 자신의 길을 내며 걸어가는 것인지도 모른다.
이 울창한 감정의 정글에서 살아남으려면 길을 잃지 않아야
한다. 오늘의 감정은 오늘의 좌표고, 최근의 감정은 최근에 내가
걸어온 자취다. 감정은 삶의 발자취다. 나는 지금 어디에, 어떻게
서있는가?

　　　감정은 나를 살릴 수도 죽일 수도 있는 양날의 칼이자
스스로를 정직하게 이해하는 지름길이다. 문제는 감정이 나에게
닿는 지름길이 아닌 밀림이 되어 그 속에 갇힐 때가 많다는
것이다. 길을 찾기는커녕 너무 빼곡해 방향감각을 잃고 그 자리에

주저앉아 꼼짝달싹 못하기 쉽다. 그럴 때 감정은 눈을 가려 앞을 보지 못하게 하고, 귀를 막아 도움의 소리도 듣지 못하게 한다. 내 감정을 외면할 때 맞닥뜨리는 위험 구간, 감정의 늪에 빠지게 되는 경우다. 삶을 춤추게도, 저버리게도 하는 예측불허의 감정, 일찍이 이런 불안정한 인간 정서에 주목한 사람이 있다. 지금 내 안에서 길을 잃었다면 스피노자Baruch de Spinoza(1632~1677)의 성찰이 내미는 손을 맞잡을 때다.

스피노자의 아펙트

'아펙트affect(affectus)'는 감정, 정서를 가리키는 스피노자의 용어다. 스피노자에게 아펙트는 어느 순간에도 힘차게 일어나 움직이게 하는 '생명력'이다. 정서는 "그것을 통해 신체의 활동 역량이 증가되거나 감소되고 도움을 받거나 방해받는 신체의 변용들인 동시에 그 변용들의 관념들"이다. 스피노자는 경쟁심이나 시기심, 두려움처럼 외부 원인에서 비롯된 수동적인 정서를 '정념(passio)'이라 하고, 반대로 도의심(pietas)이나 쾌활함(hilaritas)처럼 내부에서 유래하는 정서를 능동적인 '정서(actio)'로 구분한다. 동서양을 막론하고 대부분의 철학사조에서 감정은 이성에 비해 하등한 것으로 치부되거나 아예 무시되었다. 하지만 스피노자는 대표작 『에티카(Ethica,

159

ordine geometrico demonstrata)』에서 인간의 감정을 긍정적
정서와 부정적 정념으로 구분해 인간의 본성과 감정, 의식의
작용 방식을 기하학적으로 증명하고 있다.

> "『에티카』는 개념의 책일 뿐만 아니라 정동精動의
> 책이며 지각知覺의 책이기도 하다. 따라서 역설적이게도,
> 스피노자는 철학자 중의 철학자, 가장 순수한 철학자이면서
> 동시에 비철학자들에게 가장 많이 말을 건네고 가장 강렬한
> 비철학적 이해를 자극하는 철학자이다. 그래서 누구나
> 스피노자를 읽을 수 있고, 설령 스피노자의 개념을 잘못
> 이해하더라도 그로부터 큰 감동을 받거나 자신의 지각을
> 완전히 새롭게 할 수 있다."

20세기 포스트모더니즘을 선도했던 프랑스 철학자
질 들뢰즈Gilles Deleuze(1925~1995)의 찬사다. 일찍부터 사뭇
다른 시선을 가진 스피노자는 『정치론(Theologico-Political
Treatise)』에서 "철학자들은 우리를 갈등하게 만드는 정서를
결핍에 의해 생겨난 악이라 생각한다. 그렇기 때문에 철학자들은
정서를 비웃고 한탄하고 비난하게 된 것이다. 그리고 그들은
가장 도덕적으로 보이고 싶을 때 정서를 비하한다."고 밝히면서,
인간의 정서가 어긋나고 뒤틀릴 때야말로 "비웃지도 슬퍼하지도
말고 다만 이해해야 한다"고 강조한다. 나를 어둠 속에

주저앉히고 피폐하게 만드는 감정은 섣부른 판단이나 비난의 대상이 아니다. 오직 따뜻한 시선이 필요할 뿐이다. 무엇보다 상한 감정은 이해받고 사랑받아야 할 어린아이와 같다. 나를 힘들게 하는 감정에 대한 지적인 이해와 정서적 동조가 뒤따를 때 감정은 더 이상 늪이 아닌 길이 된다.

내 감정에 대한 지성적 이해는 그 상황에서 딱 한 걸음 물러나는 일이다. 나와 힘든 감정을 분리시키는 일이다. 아픈 감각에서 자책하는 감정을 빼는 일이다.

감정의 힘, 코나투스

감정의 힘은 단순한 자기이해에서 멈추지 않는다. 스피노자는 인간의 본성을 '자연이라는 신(deus sive natura)'의 섭리 속에서 최대한 자신을 실현하는 것으로 보았다. 이는 코나투스conatus라는 자기보존 욕망을 통해 참된 인식에 이르는 과정이자 이성을 통한 자기완성을 의미한다. 코나투스는 생명체에 내재 된 '살기 원하는 힘'이다. "그것이 주어지면 사물이 필연적으로 정립되고 그것이 제거되면 사물이 필연적으로 없어지는 것, 또는 그것 없이는 사물이 없고 사물이 없으면 그것이 존재하지도 않는 것을 나는 어떤 사물의 본질(essentia)이라고 한다."

코나투스는 살기 원하는 능동적 정서로 인간의 삶을 지속 가능한 것으로 만드는 내면의 불쏘시개이자 온전한 것으로 승화시키는 잠재성이다. 삶을 쥐락펴락하는 감정에 대한 이해는 그 자체가 이성을 활용하는 지성이다. 자기 정서에 대한 지성적 이해는 그 자체로 지복을 경험하게 하는 강력한 코나투스가 된다. "우리가 할 수 있는 한, 지성 혹은 이성을 완전하게 하는 것이 특히 유용하며, 이 하나의 것에서만 인간의 최고 행복 혹은 지복이 성립한다. 왜냐하면 지복은 신에 대한 직관적 인식에서 생겨나는 영혼의 만족과 다른 것이 아니기 때문이다."

코나투스에 연결된 감정은 그대로 삶의 역량이 된다. 살기 원하는 힘, 코나투스라는 생명력이 증가할 때 우리는 기쁨과 무한한 가능성으로 충만해지며, 그 힘이 사라질 때 슬픔과 좌절에 굴복하고 만다. 마치 거대한 산맥처럼 오르막과 내리막을 반복하는 감정에 요동치는 선박의 평형수(ballast water)처럼 균형을 잡아주는 것이 있다. 바로 사랑이다.

가장 강한 정서, 사랑

누군가를 떠올리며 증오하는 감정에 휩싸이고, 어떤 대상을 보고 두려움에 빠지는 등 외부 대상에 대한 수동적 정념은 정신을 산란하게 하거나 동요를 일으킨다. 삶을 주저앉히는 이런 종류의 감정은 어떻게 다스릴 수 있을까? 스피노자는 인간 의지에 대한 기대를 거두고 '보다 강한 정서'로 정념을 극복해야 한다고 주문한다. 무언가를 사랑하는 일이다.

사랑에 대한 스피노자의 정의는 사랑을 다시 사유하게 한다. "사랑은 외부 원인에 대한 관념에 수반하는 기쁨이다." 사랑은 대상이 필요하기에 저절로 생기지 않으며, 무엇보다 그 원인을 내부에 두지 않는 독특한 기쁨이다. '사랑하는 마음보다 더 좋은 건 없을 걸'이라는 노래를 떠올리지 않아도 사랑이 불러일으키는 무한한 힘을 안다. 그것을 내 안에 이식할 수 있다면 삶은 훨씬 안정적이고 예측 가능해진다. 어떤 대상을 자발적이고 능동적으로 사랑할 때 그 사랑은 흔들리는 삶을 잡아주는 닻이 되고, 방향감각을 잃은 정념에 나침반이 될 수 있다. 다만 사랑하는 대상이 나의 역량을 높이는 것이어야 한다는 전제가 있다.

> "우리의 지복과 비참함은 모두 오직 하나의 요소에 달려 있다. 즉 우리가 사랑하는 대상이 어떤 종류의 것인가에 달려 있다는 것이다. … 사랑하는 대상만이 고통을 불러일으킨다. 사랑하는 것이 아니라면 그것이 사라진다 해도 슬픔을 느끼지 않을 것이고, 다른 이의 수중에 떨어졌다고 해도 질투하지 않을 것이다. 사랑하는 것이 아니라면 고통, 미움, 혼란도 생기지 않는다."

내가 무엇을, 얼마나, 어떻게 사랑하는가는 삶의 실존과 구원에 직결되는 사안이다. 기쁨을 선사하는 사랑은 더 나은 사람으로 성장하게 하고 정신의 지평을 넓혀준다. 그런 사랑 속에서 나는 나를 구원할 수 있다. 스피노자는 '가장 강한 정서, 사랑'에 깃든 초월성을 이렇게 표현한다. "영원하고 무한한 것에 대한 활기찬 사랑은 그 어떤 슬픔도 찾아볼 수 없는 기쁨, 순수한 기쁨으로 정신을 만족시킨다. 이것이야말로 가장 위대한 욕망의 대상이자 우리의 모든 힘을 기울여 추구할 만한 가치가 있는 것이다." 사랑하는 동안 내 안에서 차오른 생명력, 코나투스가 달성할 수 있는 위업이다.

감각과 감정, 분리하기

사랑을 포함해 내가 경험하는 세계 전체를 보고, 듣고, 냄새 맡고, 맛보고, 만질 수 있는 오감五感을 통해 만난다. 다섯 가지 감각은 오복五福의 입구다. 동양 고전인 『서경(書經)』은 다섯 가지 복을 수壽, 부富, 강녕康寧, 유호덕攸好德, 고종명考終命으로 들고 있다. 첫 번째는 장수하는 것(壽)이고, 두 번째는 재산이 넉넉한 것(富)이며, 다음으로 몸이 건강하고 마음이 편안한 것(康寧), 덕을 좋아하는 것(攸好德), 마지막으로 하늘에서 받은 명대로 살다가 죽을 때 편안히 돌아가는 것(考終命)이다.

　　복의 뿌리를 다섯 개나 가지고도 '복을 차버리며' 사는 경우가 얼마나 많은가. 허다한 인생이 빠져있는 딜레마다. 오죽하면 불가佛家에서는 눈, 귀, 코, 입, 몸에 생각을 더한 인간의 육근六根을 여섯 도둑, 육적六賊이라 부를까. 다 갖고도 참(眞)을 가리고 지혜를 앗아가니 도적이 되고 만 것이다. 감각에 덧붙은 불명예스러운 이름을 떼어낼 수 있다면 오복을 누리는 삶의 주인공이 될 수 있다. 스즈키 순류Suzuki Shunryu, 鈴木俊降(1904~1971)가 지적했듯이 불교는 "불교에 대해 공부하는 것이 아니라 자기 자신에 대해 공부하는 것"이니 불가로 한 걸음 더 들어가 보자.

　　인간의 오감은 오음五蘊이라는 다섯 무더기로 각각의 에너지 작용을 불러일으킨다. 온갖 형체(色)를 만들고, 싫거나 좋다는 느낌(受)을 일으키고, 대상을 받아들여 상상(想)을 펼치고, 몸으로 반응(行)하고, 생각으로 분별(識)하는 마음작용이다. 색수상행식色受想行識은 삶을 경험하게 하는 자아이자, 에고의 다른 이름이다. 즉 오감을 해석하는 자者다. 오감으로 전해지는 감각에 대한 2차 해석에 따라 주요 감정이 결정된다. 생기生氣 가득한 정서나 탁기濁氣 그득한 정념情念으로 우리 삶을 주름잡는다. 같은 현상을 마주하고도 다른 감정을 품는 것은 각자의 에고가 하는 해석 차이에 있다. 나는 주로 어떤 해석을 하는 사람인지 살펴보면 나를 이해하기 쉽다. 이미 오랫동안

반사적으로 해석해 온 패턴이 있고, 자동적인 반응이 큰 자리를 차지하고 있을 터이기 때문이다. 감정도 습관이다.

힘든 감정에서 벗어나고 감정의 숲에서 길을 잃지 않으려면 감각이라는 있는 그대로의 현실과 감정이라는 나의 주관적 해석을 분리하는 기술을 연마해야 한다. 감각 빼기 감정이다. '괴롭다, 짜증난다, 화난다'라는 자동화된 감정풀이를 대상과 한 뼘 분리해 보는 연습이다. 해석 대신 멈춤이다. 멈추면 연기처럼 사라진다. 감정과의 씨름에서는 이길 수가 없으며 설령 이겨도 이긴 게 아니다. 습관적인 반응, 늘 하던 대로 하는 해석 대신 한 걸음 물러난 자리에서 그냥 물끄러미 바라보는 선택을 해보자. 그러면 싸우지 않고 이길 수 있다. 고수의 승리다. 가만히 있는 것이 어렵다면 '이게 무언가?' 묻고, '오직 모를 뿐'이라고 답한다. 한 세 번 반복해 본다. 언제? 시시때때로! 한두 번 해보고 안 된다고, 어렵다고 투정하지 말자. 연습은 될 때까지 하는 것이다. 자나 깨나 한 연습으로 눈 감고도 저절로 되는 사람이 달인達人이다.

나는 감정이 아니다

감정은 나를 윤택하게도 비참하게도 한다. 그 사용법을 알아 다치지 않는 것이 인생의 달인이 되는 방법이다. 감정은 세상의

166

온갖 아름다움을 누리고, 사랑을 통해 생명력과 창조력이
부풀게 하는 데만 아낌없이 쓰자. 그러다 간혹 나를 물에 젖은
두꺼운 종이책처럼 무겁게 끄집어내리는 힘든 감정이 스멀스멀
올라올 때는 속히 알아차리자. '나는 감정이 아니야'라고,
잘못된 해석이라고, 오역誤譯을 멈추고 재빨리 에고가 감추고
있는 진짜 나에게 돌아오면 된다. '큰나'는 자연을 닮았다.
별처럼 반짝이고, 태양처럼 따뜻하고, 바다처럼 크고 깊다.
그리고 기억하자.

      태양이 나만 피해 비추지 않듯이,

      내가 나를 소외시키지 않아야 한다.

      나무가 나를 꾸짖지 않듯이,

      나를 미워하지 않아야 한다.

      장미가 다른 꽃과 자기를 비교하지 않듯이,

      나를 남과 비교하지 않아야 한다.

      비가 마주할 땅을 판단하지 않듯이,

      내가 만나는 세상을 판단하지 않아야 한다.

      모든 강줄기가 바다에 다다르듯이,

      나는 이윽고 의식의 깊은 심연에 이를 것이다.

      바다는 사랑이다.

      실은 나도 바다다.

이면지명상

가만히 보면 내 마음대로 할 수 있는 것 보다 할 수 없는 것들이 훨씬 많습니다.

키도, 피부색도, 자식도, 부모도, 주식도, 일도. 내 의지나 권한 밖에 있는 것들을 제하다 보면 딱 하나 남는 것이 있습니다. 내 마음. 오직 '내 마음'만이 내가 어떻게 해볼 수 있는 유일한 영역입니다. 하나뿐이라니, 쉬운 듯하지만 그 하나를 잘 해내는 것도 만만한 일이 아닙니다. 마음은 유리처럼 깨지기 쉽고 다루기 힘든 물건이니까요.

"절대 던지지 마세요!"

'취급주의 CAUTION'라는 빨간색 스티커가 붙은 택배박스 같은 것, 우리의 마음입니다. 잘 못 다뤄 이미 마음에 금이 갔거나 한쪽이 깨졌을 때는 어떻게 하시나요? 책도 눈에 안 들어오고, 산책은 번거롭고, 그 편한 TV리모컨에도 손이 가지 않는다면, '이면지명상'을 추천합니다.

눈앞에서 나뒹구는 이면지 한 장을 뒤집어 놓고, 어디선가 판촉물로 받은 볼펜으로 되는대로 끄적여보는 겁니다. 깨진 마음이 내는 신음소리를 글자로 옮겨보세요. 마음 생김새를 글로 그리며 이면지를 활보하다 보면 어느 순간 통증이 가시기 시작할 겁니다. 꼭 쥔 다섯 손가락이 헝클어진 마음을 쓸어내리는 빗질을 했으니까요.

필요 없는 것으로 가득 찬 이면지를 뒤집으면 하얀 백지가 드러나듯이 글 아닌 글을 쓰다 보면 내 마음의 뒷면도 이미 하얗게 깨끗해져 있을 겁니다.

수시로 마음을 재활용해 보세요. 수북이 쌓인 이면지처럼 한 장 한 장 뒤집기만 하면 됩니다. 하얀 종이, 하얀 마음이 보입니다.

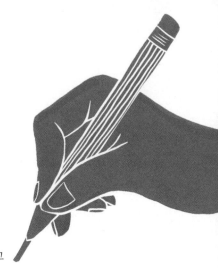

오늘은 좋은 연필 한 자루 손에 꼭 쥐고

강한 심지(心地·마음의 본바탕)로
사랑을 해보는 건 어떨까요?

열한 숨

나를 일으켜 세우는 『한 문장』

마당을 나온 쾌감

세상에 경전은 딱 하나 『성경』만 있는 줄 알았다. 그렇게 수십
년 살다가 양계장을 탈출해 '마당을 나온 암탉'마냥 교회
담장을 넘어선 다음에야 세상에 얼마나 다양한 경전이 많은지
알게 되었다. 외눈박이로 살다가 두 눈으로 바라본 세상은
'아하! 원더풀 월드!'였다. 시각이 넓어지니 감동도 배가 되었다.
어디 그뿐인가, '불신지옥'이 없어지니 온 세상이 다 천국이다.
선한 내 편, 악하거나 불쌍한 네 편으로 나누던 날 선 경계심은
눈 녹듯 사라지고, 덩달아 정처 없이 어슬렁거리던 마귀와
사탄도 자취를 감췄다. 선악善惡이라는 줄자는 애당초 옳지 않은
잣대였다. 무엇보다 날 때부터 죄인이라는 세상 억울한 누명을
벗고 난 후의 해방감을 어떻게 표현하면 좋을까? 꼭 가야
했던 천국은 파란 하늘 어딘가에 둥둥 떠 있는 게 아니라 지금
내가 두 발 딛고 선 이 땅, 이 자리에 있었다. 천국의 주소가
명확해지니 현재 삶의 좌표도 선명해졌다. 마당을 나온 쾌감은
찰나의 경험으로 사라지는 허무한 쾌락과는 차원이 다르다.
경계 없는 세상이 주는 기쁨은 다채롭고 영속적이다.

일요경전명상

수년간 아하이스트Ahaist(일상에서 '아하!' 경험을 모으는 사람)들과
함께 다양한 경전을 읽고, 나누고, 명상하는 모임을 이어왔다.
『바가바드기타(Bhagavadgītā)』,『우파니샤드(Upaniṣad)』,
『논어(論語)』,『장자(莊子)』,『도덕경(道德經)』,『중용(中庸)』,
『아함경(阿含經)』,『법구경(法句經)』,『화엄경(華嚴經)』,
『꾸란(Quran)』,『도마복음』,『유다복음』,「마가복음」,
「요한복음」,『채근담(菜根譚)』,『유마경(維摩經)』,
『해월신사법설(海月神師法說)』,『동경대전(東經大全)』,
『숫타니파타(Sutta Nipāta)』,『전습록』,『다석어록』등등. 매주
일요일 서너 가지 경전을 함께 읽고 그 내용이 각자에게 건네 온
말을 자기의 언어로 나눈 뒤, 가만히 새기는 명상으로 이어간다.
이른바 '경전명상', 경전으로 하는 세계여행이다. 이 경전,
저 경전 여행하다 보면 마음에 쏙 드는 경전이 나타난다. 그럼
이번에는 눈도 입도 아닌, 손으로 만나볼 수 있다. 아하이스트의
두 번째 자율 경전명상 '손으로 읽는 경전'이다. 연필이나 컴퓨터
자판으로 하는 경전필사도 훌륭한 경전명상이다. 세상은 넓고
경전은 진짜 많다. 외로울 틈, 심심할 짬이 없다.

나를 일으켜 세우는 '한 문장'

경전은 짧게는 수백 년, 길게는 수천 년 전으로 거슬러 오른다. 고대로부터 발현된 영적 천재들의 지혜가 도처에서 보석처럼 반짝이고 있다. 어떤 경전이든 책장을 열어 눈을 맞추면 경전은 살아서 말을 걸어온다. 아무도 모르던 내 속을 끄덕끄덕 이해하는 위로의 말을 건넬 때도 있고, '여긴 어디, 나는 누구' 하며 방황할 때면 정확히 내가 있어야 할 자리를 알아차리게 하고, 어디로 어떻게 발을 내딛어야 할지 방향을 제시해 주기도 한다. 동서고금 막론하고 인류가 삶을 다해 성찰해 온 흔적들은 21세기 우리들의 고민이나 아픔을 다 끌어안고도 남을 만큼 품이 넓다. 오늘 내 주변에서 손 닿는 경전들을 은밀하게 만나야 할 이유다. 그러다 보면 불교 경전과 기독교 복음서, 고대 힌두 경전과 동양 고전이 얼마나 깊이 연결되어 있고 서로 그림처럼 아름다운 조화를 이루는지 알게 된다. 경전은 늘 우리 곁에 있지만 알아차리지 못하는 보물이다.

　　어느 날 우연히 만난 문장 하나가 무너진 삶을 일으켜 세울 수도 있다. 경전은 그런 '지푸라기'들의 보고寶庫이기도 하다. 나보다 나를 더 잘 아는 길벗이다. '경전'하면 고리타분한 무엇으로 알기 십상이지만 그것이야말로 케케묵은 편견이다. 경전은 오래 살았다고 '라떼' 운운 꼰대짓 따위는 하지 않는다. 경전, 그분이 얼마나 힙hip한지는 만나보면 안다. 어느 순간 손을 내밀듯 꼭 그만큼의 눈높이로 말을 건네 온다. 살아가는 방향을 확인하고 싶을 때, 살아야 할 이유가 필요할 때, 내가 누구인지 흐릿해질 때, 마음 가는 경전 한 권을 조용히 만나보자. 운명처럼 사랑하는 사람을 마주치듯 내 온 존재를 흔들어 깨우고 일으켜 세우는 '한 문장'이 수천 년 전부터 나를 기다리고 있다. 경전 속 문장들은 나를 미지의 곳으로 이끈다. 수천 년 동안, 세계 각국에서 펼쳐지는 경전이 나의 여행을 돕는다.

세계 경전 둘러보기

수많은 경전 중에 각별히 아끼는 경전들이 있다. 언제고 예외 없이 내가 누구인지를 다시 알게 해주는 『우파니샤드』, 배신감에 몸을 떨었던 기독 신앙에 새로운 시선을 열어준 『도마복음』, 수입된 믿음 체계가 아닌 우리 고유의 융숭한 지혜서이자 동학사상의 뿌리인 『동경대전』, 허망한 욕심을 내려놓고 자연 닮은 삶을 바라보게 하는 『도덕경』과 『장자』, 무엇보다도 자신의 진수를 알게 하는 『금강경(金剛經)』, 에고가 아닌 참나로 사는 구체적인 방법을 제시하는 『숫타니파타』 등이다. 나열하다 보니 다섯 손가락이 모자라다. 이참에 나만의 '경전탑텐TopTen' 같은 리스트를 만들어도 좋겠다. 이 중 몇 구절을 발췌해 어떤 향기를 가진 경전들인지 살짝 음미해 보자.

175

『도마복음』 1,2,3절

이것은 살아계신 예수께서 말씀하시고 디두모 유다 도마가
받아 적은 비밀의 말씀들입니다. "이 말씀의 뜻을 올바르게
풀이하는 사람은 결코 죽음을 맛보지 아니할 것입니다."
예수께서 말씀하셨습니다. "추구하는 사람은 찾을 수
있을 때까지 계속해야 합니다. 찾으면 혼란스러워지고,
혼란스러워지면 놀랄 것입니다. 그런 후에야 그는 모든 것을
다스릴 수 있습니다."

"여러분의 지도자들은 여러분에게 '보라, 그 나라가
하늘에 있다'고 하는데, 그렇다면 새들이 여러분들보다 먼저
거기에 가 있을 것입니다. 그들이 '그 나라가 바다에 있다'고
하는데, 그렇다면 물고기들이 여러분들보다 먼저 거기에 가
있을 것입니다. 그 나라는 여러분 안에 있고, 또 여러분 밖에
있습니다."

『도덕경』8장

가장 훌륭한 것은 물처럼 되는 것입니다.

물은 온갖 것을 위해 섬길 뿐, 그것들과 겨루는 일이 없고

모두가 싫어하는 (낮은) 곳을 향하여 흐를 뿐입니다.

그러기에 물은 도에 가장 가까운 것입니다.

낮은 데를 찾아가 사는 자세

심연을 닮은 마음

사람됨을 갖춘 사귐

믿음직한 말

정의로운 다스림

힘을 다한 섬김

때를 가린 움직임

겨루는 일이 없으니

나무람 받을 일도 없습니다.

「문다까 우파니샤드」 I-1

수행자 사우나까는 앙기라스를 찾아가 제자의 예의를
갖추며 말했다.

"스승이시여 무엇을 알아야 이 모든 것(우주)을 알 수
있습니까?"

앙기라스는 사우나까에게 말했다.

"젊은이여, 두 가지 지식을 알아야 한다. 높은 지식과
낮은 지식이 그것이다.", "종교의식, 천문학, 언어를 통한
학습, 그리고 온갖 종류의 예술 창작 행위, 이런 것들은
모두 '낮은 지식'이다. 그리고 깨어있음(自覺)을 향한 모든
노력, 이것은 '높은 지식'이다.", "높은 지식을 통해서 현자는
본다. 이 모든 곳에 충만해 있는 브라흐만을, 그 어떤 특성도
없으며 눈도 없고 귀도 없고 손도 발도 없는 그 미묘한
존재를, 이 모든 존재의 근원인 그 불멸의 브라흐만을."

같은 나무에 앉아서 '먼젓새'는 자신의 나약함을 슬퍼하고

있다. 그러나 그가 불멸의 존재인 '뒤의 새'를 알아볼 때,

그는 그 순간 이 모든 생존의 고통으로부터 자유로워진다.

브라흐만을 깨달을 때 우리는 선과 악의 이 상대적인 차원을

뛰어넘는다. 그런 다음 저 '절대적 보편의 경지'에 이르게

된다. 브라흐만은 생명(prana)이다. 브라흐만은 이 모든 존재

속에 빛나고 있다. 브라흐만을 깨달은 이는 그렇게 많은

말을 하지 않는다. 그는 그 자신 속에서 더없이 만족해하며

행위의 이 바다에서 헤엄치고 있다. … 브라흐만은 눈으로

볼 수 없고, 브라흐만은 언어로 표현할 수 없고, 브라흐만은

감각으로도 감지할 수 없으며, 브라흐만은 행위나 고행을

통해서도 알 수 없다. 그러나 구도자는 지혜에 의해서

정화된 다음 명상을 통해서 그를 감지한다. 그 자신과 둘이

아닌 그를.

『동경대전』논학문(論學文)

선비들이 다시 물었다. "'내 마음이 곧 네 마음'이라는
'오심즉여심吾心卽汝心'은 한울님 마음이 곧 사람의
마음이라는 가르침입니다. 사람의 마음이 한울님 마음인데,
어찌하여 사람의 행함에 선과 악의 구별이 있습니까?"
내 대답하기를, "한울님은 귀한 사람이 되고 천한 사람이
되는 준표準標만을 정해줄 뿐이다. 또한 사람이 살아가면서
겪는 고락의 이치만을 정해줄 뿐이다. 그러나 군자의 덕은
기운이 바르고 한울님 마음을 변함없이 실천하는 삶을
살아가고, 그러므로 천지와 더불어 그 덕이 합일된다. 소인의
덕은 기운이 바르지 않고 마음이 이리저리 바뀌는 까닭으로
천지와 더불어 그 명이 어긋나는 것이다. 세상 사람들이
이와 같이 군자의 덕을 쌓느냐, 그렇지 않으면 소인의 삶을
사느냐에 따라, 이 세상이 성운盛運을 맞이하느냐 쇠운을
맞이하느냐가 결정된다. 이러함이 성운과 쇠운衰運이
갈아드는 그 이치인 것이다."

『동경대전』 탄도유심급(歎道儒心急)

산하를 뒤덮을 크나큰 운이 머지않아 모두 이 도道로 돌아올
것이다. 이 도는 그 근원이 지극히 깊고, 그 이치가 매우
멀도다. 내 마음기둥을 굳게 해야만 진정 도의 맛을 알 수
있고, 한마음으로 도에 정진해야만 모든 일이 한울님의 뜻과
같이 될 것이다. 흐린 기운을 쓸어서 없애고, 마치 어린아이
기르듯 맑은 기운을 길러야 한다. 한갓 마음을 지극하게
하는 것이 아니라, 오직 바르게 하는 것에 있다. 밝고 맑은
기운은 은은한 가운데 자연히 화하여 나오는 것이요, 앞으로
다가오는 모든 일들 역시 한울님의 한 이치로 돌아가게 될
것이다.

다른 사람의 작은 허물을 내 마음에 두고 논하지 말며,
비록 나의 작은 지혜라도 다른 사람에게 베풀 수 있어야
한다. 이 큰 도를 개인적인 소망이나 빌고, 기복에 매달리는
작은 일에 쓰지 말라. 일에 임하여 마음을 다하여 정성을
들이면, 자연한 가운데 도움이 있게 된다. 도를 닦는 결과는
그 사람의 기국器局에 따라 나타나는 것이다. 한울님의
현묘한 기틀이 쉬이 나타나지 않아도 마음을 조급하게 갖지
말라. 마음은 본래 형상도 없고 또 보이지도 않는 것이다.
그러므로 마치 비어 있는 것 같아서 사물에 응하여도 자취가
드러나지 않는다. 그러나 형체가 없는 그 마음을 닦아야만

한울님이 우리에게 베풀어준 은덕을 알 수 있는 것이요,

한울님 덕을 밝히는 것이 바로 도이다.

나침반같은 『도마복음』은 믿음을 말하지 않는다. 대신 줄기차게 깨달음을 강조한다. 깨달음은 바른 앎, 정견正見에서 출발한다. 그래서일까 『도마복음』은 예수 말씀의 '올바른 풀이'의 중요성으로 포문을 연다. '성직자'들의 말을 믿지 말고, 스스로 찾아 깨달아가는 과정의 가치를 '결코 죽음을 맛보지 아니할 것'이라는 막중한 표현으로 보상한다. 그리고 우리의 연약한 마음을 아는 듯 따뜻한 공감도 잊지 않는다. '찾으면 혼란스러워질 거'라고, '혼란스러워지면 놀랄 거'라고, 하지만 '그런 후에야 모든 것을 다스릴 수 있으니' 중간에 포기하지 말고 '찾을 수 있을 때까지' 계속하라고 부탁한다. 두 손을 꼭 맞잡고 하는 신신당부 같다. 자연에는 딱히 필요가 없으나 자기를 의심하는 인간의 삶에는 분명히 무언가 숨겨져 있고, 우리는 그것을 찾아 깨달으려고 사는 것이라는 말로 읽힌다.

물처럼 살라는 『도덕경』에서 '그것'을 알려면 불필요한 것들을 덜어내는 수밖에 없다. 그래서 노자老子는 "학문의 길은 하루하루 쌓아가는 것(爲學日益)"이지만 "도道의 길은 하루하루 없애가는 것(爲道日損)"이라고 말한다. 그러니 사람 사이에서 옥신각신 산란한 마음을 내려놓고, 때 되면 절로 새순이 나고

꽃이 피어나듯 '자연스럽게 하면' 못하고 안 될 일이 없다는
진리의 속성을 귀뜸해 준다. '함이 없는 함(無爲之爲)'은 시와 때에
맞게 저절로 하게 되는 함이다. 억지로 하지 않음이다. 욕심이
없으면 언제나 그 신비함을 볼 수 있다는 비법도 손에 쥐어준다.
그러므로 "함이 없는 지경에 이르십시오. 함이 없는 지경에
이르면 되지 않는 일이 없습니다." 그 도도한 지경에 이르는
방법은 『도덕경』의 시그니처인 8장에 나온다. 상선약수上善若水,
"물처럼 되는 것이 가장 좋은 것"이다.

　　또 다른 나를 보게 하는 『우파니샤드』를 보자.
'공간의 외로운 여행자'인 인간이 혼돈과 외로움이라는 실존의
어두운 터널을 뚫고 지나 빛과 하나 되려면 정신 수행이
필요하다. 그것은 감각의 노예인 삶에서 감각의 주인이
되는 삶으로의 전환이다. 이런 시스템의 전환에는 악기를
다루듯 올곧은 연습이 필요하다. 내가 나를 만나는 연습이다.
『우파니샤드』는 처음부터 끝까지 명상수행의 의미와 가치를
담은 이야기로 가득하다. 그 안에 담긴 풍성한 비유는 한계가
있는 인간의 언어가 또 얼마나 가없이 아름다운지 실감하게
한다. 그것이 『우파니샤드』를 읽는 두 번째 유익이다.
　　『우파니샤드』는 스스로 브라흐만이 무엇인지 밝힌다.
브라흐만은 '먼젯새(ego)'를 뒤에서 지켜보는 또 다른 나, 우주와
연결된 진짜 나, 참나, '뒤에 있는 새'다.

183

"이 큰 도를 개인적인 소망이나 빌고 기복에 매달리는 작은 일에 쓰지 말라." 동학을 창시한 최제우崔濟愚(1824~1864)의 카리스마 넘치는 육성이다. 수운水雲 최제우는 반상班常의 구별이 엄혹한 시절에 '모든 사람이 한울님을 모시고 있다'는 시천주侍天主 사상을 천명하면서 척박한 조선 땅에 위대한 씨알사상을 심어 놓았다.

동학은 무조건 믿으면 구원받는다는 식의 값싼 종속 신앙이 아니다. 각자가 하늘(人乃天)이라는 높은 주체성을 확립해 스스로 배우고 바른 행함을 통해 새로운 세상을 펼쳐내자는 현세 중심의 실천 사상이다. 그래서 '동학을 믿는다'가 아니라 '동학을 한다'고 말한다. 동학은 철저한 수행공동체였다. 세상을 바로잡으려면 내 마음, 내 삶을 바로잡는 일이 선행되어야 한다. 그렇기에 늘 일을 그르치는 조급한 마음을 삼가라고 당부한다. "마음을 조급하게 갖지 말라(勿爲心急)."

수운을 이은 해월海月 최시형崔時亨(1827~1898)은 한울(경천敬天)뿐 아니라 사람(경인敬人)과 물질(경물敬物)까지도 공경해야 한다는 수준 높은 생명 정신을 성문화했다. 삼경三敬의 시작은 '내 마음'에 있다. "내 마음을 공경치 않는 것이 곧 천지를 공경치 않는 것이라." 온 세상 일이 내 마음, 이 '한 마음'에 달렸으니 참으로 옳은 말씀이다.

경전을 거울삼아, 삶을 가볍게

경전을 읽다 보면 없던 힘이 생기고, 어슴푸레 감기던 눈도
밝게 뜨인다. 한마디로 정신이 차려진다. '아 맞아, 그렇지!'
하는 새로운 추스름이다. 흐릿하던 내가 반듯하게 보이고
괜한 상념도 미련 없이 내려놓게 된다. 거울을 보며 용모를
단정히 하듯이 경전에 내 모습을 비춰보곤 한다. 볼 때마다
홀가분해진다. 또 다른 삼경, 경전 경經·거울 경鏡·가벼울
경輕이다. '경전을 거울삼아 일상을 가볍게', 경전명상의 모토다.

앞서 경험했듯 경전마다 다른 맛이 있다. 똑같이 달을
가리키는 손가락이지만 엄지와 검지의 느낌이 다른 것과 같다.
그러니 이 경전, 저 경전을 읽는 재미도 제각각이다. 여러
경전을 만나는 일은 다양한 언어를 구사하는 것만큼이나
폭넓은 세상을 경험하게 한다. 경전명상은 사는 맛을 우려낸다.
『우파니샤드』에 지금의 내 마음도리를 비춰보고, 『도덕경』으로
오늘의 옷매무새를 고쳐보는 것도 참 좋은 명상수행이다. 발상의
전환을 안겨주는 『장자』도 빼놓을 수 없다. 지친 나를 일으켜
세울 '한 문장'이 거기 있다. 나를 위한 한 문장을 만나는 순간,
부지불식간에 쇠운과 성운이 갈아든다.

경전명상의 실천, 쓰기명상

이제는 컴퓨터 자판으로 글을 쓰지만 여전히 즐기는 일상의 의식 중 하나가 연필 깎기다. 얇은 심으로 정형화된 샤프펜슬로는 경험할 수 없는 '쓰는 맛'을 연필로 섬세하게 느낄 수 있기 때문이다. 연필은 크게 학습사무용과 미술용으로 나뉜다. 경도와 농도에 따라 10H에서 12B로 세분화되어 있다. H는 hard, B는 black의 머리글자로, 나는 학습용 2H에서 스케치를 위한 4B까지 다양한 연필을 즐겨 쓴다.

미세하게 달라지는 필기감을 은밀하게 애정하기에 연필을 깎는 일은 내게 거의 성스러운 의식이다. 의관을 정제하듯 자리를 고쳐 앉아 칼로 연필심을 에워싼 나무를 돌려가며 한 줄 한 줄 가늘고 길게 벗겨낸다. 곱게 빗은 머릿결처럼 다듬어진 자태가 드러날 때면 덩달아 마음도 반듯하게 마름질 된 듯 기분이 맑아진다. 중요한 건 길게 남겨둔 심을 절대로 갈지 않는 것이다. 나무와 함께 되는대로 잘린 심을 생긴 그대로 사용하는 것이 연필 깎기의 하이라이트다. 울퉁불퉁 굵은 심은 마치 붓으로 글씨를 쓰는 것 같은 묘미를 선사한다. 한 글자 한 글자 쓸 때마다 달라지는 농도와 채도를 즐겨가며 오랫동안 일기를 썼던 기억이 피어난다.

글을 쓰는 일은 거울을 보는 것과 같다. 겉모습이

아닌 안사람의 생김새를 그대로 비추고 내가 모르던 나까지 끄집어내곤 한다. 쓰면 알게 된다. 지금의 내가 어떤지, 나는 무엇을 욕망하는 사람인지, 그리고 마음이 얼마나 헝클어져 있는지를. 화장하듯 내 마음을 공들여 보게 되니 글쓰기는 탁월한 명상이다.

명상수업 중에는 '지금 생각나는 단어 세 개' 혹은 평소에 '좋아하는 단어 세 개'를 떠올리고 그 이유를 글로 정리하는 짧은 글쓰기 명상을 수행한다. 각자의 무의식이 드러나는 순간이기도 하다. 손끝으로 흘러나온 내 마음을 마주하면서 자기와 화해하게 된다. 좋은 건 좋은 대로, 아픈 건 아픈 대로 '끄덕끄덕'하고 나면 어딘가에서 샘물 같은 말간 기운이 솟아오른다. 짐을 덜어낸 홀가분함이다.

글쓰기의 미덕은 차고 넘친다. 있는 그대로의 마음을 시각화하면서 적극적인 에너지가 창조되고, 자연스럽게 걱정과 고통으로부터 거리를 두게 된다. 지금의 소중함을 자각하게 된다. 그것이 깨어남이다. 방치됐던 내면의 상처를 어루만져 치유와 회복이 시작된다. 괴로움으로 시작한 끄적거림이 영락없이 희망으로 마침표를 찍게 되는 희한한 일을 경험할 수도 있다. 아무것도 아닌 것을 쓰다 보면 숨어있는 '무언가'를 발견하기 때문이다. 나도 모르는 내면의 힘과의 만남, 마음속 현자賢者와의 만남이다.

쓰는 일은 현존연습이다. 쓰는 일로 문제를 해결할 수는 없을지 몰라도 문제를 이해할 수는 있다. 쓰면 알게 된다. 내 생각, 내 감정, 내 행동의 모양새를. 쓰면 자유로워진다. 나의 의식과 무의식을 아는 자유, 무엇에 이끌리는지 나의 성향을 이해하는 자유, 나의 가치관을 이해하고 실행하는 자유다. 영국 시인 세실 데이루이스Cecil Day-Lewis(1904~1972)의 말이다. "우리는 이해 받기 위해 쓰는 것이 아니다. 우리는 이해하기 위해 쓴다."

"글을 쓰는 일은 거울을 보는 것과 같다.

겉모습이 아닌 안사람의 생김새를 그대로 비추고 내가 모르던

나까지 끄집어내곤 한다. 쓰면 알게 된다. 지금의 내가 어떤지,

나는 무엇을 욕망하는 사람인지,

그리고 마음이 얼마나 헝클어져 있는지를.

화장하듯 내 마음을 공들여 보게 되니 글쓰기는 탁월한 명상이다."

연필명상

"사랑은 연필로 쓰세요~"

　　여러 필기도구 중 유난히 연필에 마음이 간 건 아마도 어릴 적 새 학기마다 연필을 깎던 때부터인 듯합니다. 새로 만날 친구들, 새로 만날 선생님을 상상하며 심을 감싸고 있는 나뭇결을 머리 빗듯이 한 올 한 올 쓸어내리고 곱게 다듬는 과정이 참 좋았더랬지요.
　　지금의 저에게 연필 깎기는 차분하게 마음을 벼리는 일상 속 명상 도구가 되었습니다. 저절로 오롯해지는 까만 심은 연필 깎기 명상이 낳은 기분 좋은 "아하!"입니다.

　　연필심이 얼마나 강한지 아시나요? 십 년 전 남극에 있는 눈이 녹으면서 103년 전에 기록된 한 영국인 탐험대의 수첩이 발견되었는데, 당시 연필 흔적을 완벽하게 복원할 수 있었다고 해요. 흑연은 부드러운 고체지만 탄소가 단일 결합으로 이루어져 있어 백 년 세월이 무색하게 온전히 보전될 수 있었다고 합니다.

　　이를 알고 보니 '사랑은 연필로 쓰세요'라는 대중가요의 노랫말이 달리 풀이됩니다. 어쩌면 사랑도 지우개로 지울 수 있을 만큼 허무한 듯하나 실은 무엇보다 강하고 오래 살아남는 것 아닐까요?

　　글을 쓴다는 것은 결국 마음을 그리는 일이지요. 연필로 온 세상을 사랑하는 일입니다. 오늘은 좋은 연필 한 자루 손에 쥐고 강한 심지(心地·마음의 본바탕)로 사랑을 해보는 건 어떨까요? 매일 연필로 사랑을 하고, 매일 '아하!' 하기로 해요.

후식이야말로
인간을 동물이 아닌 사람으로 구별 짓게 하는
'쓸모없는 쓸모'의 상징이 아닐까 합니다.

열두 숨

내가 창조하는 나

나는 무엇인가?

'물리학의 시인'이라 불리는 이탈리아 태생의 세계적인 이론
물리학자 카를로 로벨리Carlo Rovelli(1956~)는 그 어렵다는
양자역학을 가장 쉽게 설명하는 사람 중 하나로 꼽힌다.
양자물리학은 아인슈타인의 상대성이론과 함께 20세기
가장 위대한 물리학적 발견이 되었다. 신대륙을 발견하듯
아원자(subatomic particle, 원자를 구성하는 전자, 양성자, 중성자 등의
입자) 단위의 미시세계를 발견하면서 세계를 이해하는 관점을
근본적으로 뒤집었기 때문이다. 그 시작은 1925년, 23살의
베르너 하이젠베르크Werner Karl Heisenberg(1901~1976)가
원자 안에 있는 전자의 움직임을 설명하는 수식, 이른바
파동함수(wave function)를 발견한 사건이었다. 양자이론이
탄생하는 순간이었다.

　　카를로 로벨리의 말이다.

> "한때는 세계의 모든 것이 밝혀진 것처럼 보였다. 그러나
> 이는 오래가지 못했다. 많은 사실들이 앞뒤가 맞지
> 않았으니까. 1925년 여름, 스물세 살의 하이젠베르크가
> 북해의 외딴 섬에서 '양자론'에 관한 영감을 얻으면서 새로운
> 시대가 열렸다. 아마도 역사상 가장 위대한 과학혁명이었을
> 것이다. 양자론은 화학의 기초, 하늘의 색깔, 우리 뇌의

뉴런, 은하의 기원 등 세계의 수많은 측면을 밝혀냈고,
스마트폰에서부터 원자력발전소까지 현대 과학의 심장이
되었다. 하지만 여전히 많은 부분이 심오한 미스터리로
남아있다. 이러한 양자론의 낯설음은 우리에게 새로운
관점을 열어준다. 세상이 공간 속의 입자들로 구성된 단순한
'유물론'의 실제가 아니라 유기적인 '관계'로 이루어진
실제라고.

　　　돌멩이 하나도 광활한 세계다. 확률과 상호작용이
요동치며 이글거리는 양자들의 은하계다. 세계는 끊임없이
'상호작용'하고 있다. 전혀 상호작용을 하지 않는 대상,
그것은 존재하지 않는 것과 마찬가지이다."

『나 없이는 존재하지 않는 세상』(쌤앤파커스, 2023)

　　양자물리의 발견은 '세계는 고정된 물질입자로 이루어져
있다'는 고전물리학의 종말을 의미한다. 하이젠베르크가 발견한
놀라운 사실을 거칠게 이해하면 이렇다. 세상은 딱딱하고
만질 수 있는 물질(입자)로만 이루어져 있는 게 아니다. 세상
만물을 이루는 최소 단위인 원자들은 눈에 보이는 물질이면서
동시에 보이지 않고 만질 수 없는 어떤 움직임(파동)으로
존재한다. 그런데 그 존재 방식에 오묘함이 있다. 누가 보지
않으면, 즉 '관찰'하지 않을 때는 파동으로 있다가 '볼 때만'

모습(입자)을 드러낸다. 신묘한 현상이다. 원자가 어디에서(위치) 어떻게 움직이고 있는지(운동량)를 동시에 정확하게 아는 것은 불가능하다. 따라서 원자의 온전한 있음의 형태는 확률로 밖에 말할 수 없다. 이것이 잘 알려진 '불확정성원리'다.

여기서 주목해야 하는 또 하나의 포인트가 있다. 원자는 누군가와 관계를 맺을 때만 물질로 모습을 드러낸다는 사실이다. 내가 관심을 줄 때 이윽고 대상은 파동이라는 무無에서 입자라는 유有의 존재로 나타난다. 이 세상에 존재하는 모든 있음(입자들)은 홀로 외떨어진 게 아니라는 말이다. 서로가 관계를 맺으므로 '나타나' 있는 것이고 이것은 저것과, 저것은 다른 것과 긴밀한 상호작용을 하고 있다. 모든 것이 하나의 유기체처럼 연결되어 있다는 뜻이다. "이 세계 속에 있는 것은 확정된 속성을 지닌 독립된 실체가 아니라, 다른 것들과의 관계 속에서만, 게다가 상호작용할 때만 속성과 특징을 띠는 존재들이다."(위의 책) 나는 온 세상에 기대어 있으며, 또 한편으론 내가 있어야 세상이 존재한다는 이치를 양자물리학이 대변하고 있다.

20세기 양자물리학이 밝혀낸 우주의 법칙은 고스란히 불교의 세계관과 맞닿아 있다. 비어있음을 뜻하는 '공空'이란 아무것도 없다는 게 아니라, '모든 있음'이 서로 관계 맺는 상호작용을 통해 일시적으로 존재한다는 것을 의미한다. 고정불변하는 실체는 없으며 해와 달이 뜨고 지듯 어떤 원인에 따라 만나고 헤어지고, 주고받는 상호관계가 있을 뿐이다.

백 세 인생은 한철 꽃 피듯 잠시 피어나는 꽃 한 송이다.
삶은 무상無常해서 아름다운 이 세상을 경험하는 저마다의
유통기한이다.

나를 이루는 네 가지

내가 여기 있는 방식을 알게 되었다. 우연을 가장한 무수한
필연적 만남들로 '나'는 여기에 이르렀다. 그런 내가
'무엇'인지도 납득된다. 나는 입자면서 동시에 파동이다.
색즉시공色卽是空이다. 있기도 하고 없기도 하다. '나'라고
고집할 만한 무엇이 없다는 말이다. 잠시 모였다 흩어질
원자들이다. 일찍이 고대 그리스 철학자들도 원자의 세계를
언급했다. 플라톤Plato은 불, 흙, 공기, 물, 4원소를 말하고,
데모크리토스Democritos는 더 구체적이고 수학적인 4원자를
주창했다. "첫째, 세계는 빈 공간(void)과 그 안에 존재하는
원자로 구성되어 있다. 둘째, 원자는 소멸되지 않으며, 아무것도
없는 상태에서 저절로 생기지 않는다. 셋째, 모든 변화는
원자들이 모였다 흩어지는 것에 지나지 않는다. 넷째, 모든
현상은 필연적으로 일어나며, 우연적인 것은 없다."
　　망원경이 발명되기 이천 년 전에 발현된 인간의
통찰이다. 맞다! 보리수나무 아래 앉아 깊은 명상 속에서 만물의

무상無常과 연기緣起 법칙을 꿰뚫어 알게 된 붓다의 지혜도 이 무렵이었다.

나와 후성유전체

인간의 몸은 물과 탄소로 이루어져 있다. 물을 빼면 그냥 입자면서 파동인 탄소 덩어리다. 탄소만으로 이루어진 것이 또 있다. 흑연과 다이아몬드다. 연필심처럼 흔하고 싼 흑연과 구하기도 어렵고 엄청나게 비싼 다이아몬드의 차이는 탄소 구조뿐이다. 탄소가 층층이 쌓인 2차원의 격자구조를 이루면 무른 흑연이 되고, 3차원 정사면체로 형성되면 매우 견고하고 안정적인 다이아몬드가 된다. 그야말로 한 끗 차이다.

탄소 덩어리인 사람도 쉽게 똑똑 부러지는 흑연과, 강하면서 아름다운 빛까지 발하는 다이아몬드 사이 어디쯤을 오가는 것 아닌가? 그렇다면 살면서 과연 무엇이 흑연 같은 사람을 만들고, 어떤 것이 다이아몬드 같은 사람을 만드는 것일까. 이 질문에 답하는 과학이 있다. 가장 젊은 생명과학분야인 후성유전학後成遺傳學(epigenetics)이다.

현대 후성유전학은 영국 생물학자 콘래드 워딩턴Conrad H. Waddingtion(1905~1975)이 창안했다. DNA 염기서열이 변하지 않은 상태에서 유전자발현을 조절하는 후성유전체를 연구하는 유전학의 하위 분야다. 부모에게서 받은 유전자구조 자체는 달라지지 않지만, 그 유전자 '위에(epi)' 더해지는 분자들 때문에 후천적으로 유전자 발현이 달라지고 표현형(유전학상 외형상으로만 본 형질)의 차이를 일으킨다는 사실을 밝혀냈다.

후성유전학은 유전자 고유의 형질이 아니라, 환경에 적응하는 과정에서 유전자 발현을 조절하는 형질을 후천적으로 획득하게 되고, 그것이 다음 세대로 이어진다는 사실을 입증했다. 유전자(DNA) 단독으로 생명체의 형질을 결정한다는 유전자 결정론이 틀렸다는 선언이다. 태어난 대로 사는 게 아니라 내가 주체적으로 만들어 나갈 수 있다는 복음이다. 나아가 이런 후천적 경험은 당대뿐만 아니라 어떤 방식으로든 후대에 영향을 미친다는 사실을 기억하자.

후성유전학의 혁명적 발견은 개인의 감정적 반응성, 기억과 학습, 정신건강과 행동심리, 생애초기경험, 환경독소 등 삶의 많은 현상을 설명하는 데 유용하다. 21세기 들어 각 분야에서 기하급수적으로 늘어나는 후성유전학 관련 연구논문이 이 사실을 입증하고 있다.

후성 유전적 요소와 환경의 상호과정이 유전자 기능에 영향을 미친다는 인식은 몸속 DNA뿐 아니라 그간 반복해 온 '매일의 경험'이 현재의 나를 만들었다는 사실을 형광펜으로 밑줄 그은 듯 선명하게 드러낸다. 성격, 말투, 표정, 습관 등

지금의 나를 이루는 특징들은 그동안 다양한 요인이 안팎으로
상호작용하면서 틀 지워진 것이라는 뜻이다. 전문가들은
살아오면서 형성된 한 사람의 후성유전체는 '모든 면에서
유전체에 맞먹는 정도의 영향력을 행사한다'고 말한다. 부모
탓할 근거가 휘청해지는 지점이다. 선대로부터 물려받은
유전자가 카르마karma라면 명상수행은 내가 조성하는
후성유전체가 된다.

내가 창조하는 나

생애 자율학습의 마무리는 과학이다. 특히 양자역학과
생명과학은 오래전 참선에 몰두하게 했던 큰 물음을 통쾌하게,
'이성적'으로 풀어주는 분야라 화들짝 눈이 뜨이는 공부였다.
삼십대 초반부터 강하게 내 발목을 잡았던 질문들, '나는
무엇이고, 왜 살며, 어디로 가는가?' 존재의 타는 목마름은
대승불교의 공空과 화엄華嚴 사상을 만나면서 갈증을 해소하고,
선불교 명상수행인 참선으로 내면에 있는 오아시스를 찾을
수 있었다. 좌복 위에서 경험했던 일들은 내가 아는 언어로는
설명할 수 없는 것이었다. 안으로만 품고 있다가 환속 후
동서양의 철학사상과 뇌과학, 심리학과 생명과학, 양자물리학 등
다양한 인간의 언어를 새롭게 익히면서 좌표를 찾을 수 있었다.

얼핏 서로 무관한 다른 종족의 언어 같지만, 모두가 인간의 신경들처럼 서로 연결되어 있음을 알았다. 음악은 수학과 다르지 않고, 심리학은 뇌과학과 깊이 접속되어 있으며 불법佛法은 그대로 양자역학에 다름 아니다. 마치 무지개의 빨주노초파남보 일곱 색깔이 하나의 빛에서 뻗어 나왔듯이.

현대 과학은 우리에게 많은 것을 깨쳐주었다. 굳이 제도 종교를 기웃거리지 않아도 '왜 없지 않고 여기 있는 것인지' 존재의 본질에 대한 철학적 질문들에 가지런히 답할 수 있게 되었다. 이제는 안다. 우리가 어디에서 와서, 왜 정성껏 살아야 하며, 어디로 가는지를. '나'는 실체가 없는 무無이면서 동시에 전체라는 사실을.

누구 하나 빠짐없이 우리의 고향은 별이다. 내면의 빛으로 살아있다. 그 빛이 시작이요 끝이다. 밖이 아닌 내 안으로 시선을 돌이켜야 하는 이유다. 내 안에 있는 빛을 밖에서 찾는 어리석음을 멈추고 안으로, 안으로 귀를 기울여야 한다. 빛은 심연이다. 심연은 짙푸른 침묵의 바다다. 그 바다가 출렁이는 파동과 그 파동에 공명하는 우주의 메아리를 듣기 위함이다. 그리고 그 빛은 오로지 내가 '관찰할 때', '찾을 때', '관계할 때' 모습을 드러낸다. 빛으로 가득한 나를 창조하는 것이야말로 이생에 주어진 가장 큰 프로젝트다. 내가 나를 낳을 수 있다. 내면의 빛으로, 내 안의 심연으로 인도하는 지름길이자 빛으로 가득한 큰 나로 부활하게 하는 길이 '명상대로'다.

대도무문大道無門, 큰길에는 문이 없다. 천지가 열린 길이다.

거칠 것이 없다. 그 길을 '걷는 나'가 필요할 뿐이다. 창조자라는

자부심으로 어깨 펴고 당당하게, 인간의 위엄을 지키며 걸어가자.

오늘이라는 레드카펫을.

"우연을 가장한 무수한 필연적 만남들로 '나'는 여기에 이르렀다.

그런 내가 '무엇'인지도 납득된다. 나는 입자면서 동시에 파동이다.

색즉시공色即是空이다. 있기도 하고 없기도 하다. '나'라고 고집할 만한

무엇이 없다는 말이다. 잠시 모였다 흩어질 원자들이다."

디저트명상

벌써 여러분과의 만남을 마무리 지어야 할 때가 가까워진 것 같습니다.

끝이 좋으면 모든 과정이 좋은 기억이 될 만큼 마무리가 갖는 의미는 자못 크지요. 여러분에게도 이 만남이 좋은 기억으로 남길 바라며, 달콤한 디저트 명상을 소개할까 합니다.

끝을 아름답게 남기고 싶어 하는 인간의 바람은 '후식'이라는 문화를 일궈놓았습니다. 후식이야말로 인간을 동물이 아닌 사람으로 구별 짓게 하는 '쓸모없는 쓸모'의 상징이 아닐까 합니다. 왜냐하면 후식은 동물의 생존 요소인 먹이·교미·영역 다툼과는 전혀 다른 차원의 욕망이자 순수하게 맛과 멋을 즐기기 위한 인문人文이기 때문입니다.

디저트dessert라는 말은 '식탁을 치우다'라는 프랑스어 데제르비르desservir에서 유래됐다고 하지요. 굳이 안 먹어도 되는 후식에 온갖 정성을 다하고 미감을 더하듯 일상의 모든 마무리에 공을 들이고, 아름다운 마침표를 찍을 수 있으면 좋겠습니다.

언제부터인가 화려한 케이크나 달콤한 셔벗보다 단아한 떡 한 조각이나 구수한 숭늉 한 그릇에 마음이 기울곤 합니다. 돌고 돌아 고향으로 되돌아온 듯한 뒷맛이 잔향처럼 입안을 맴돕니다. 여러분과의 만남을 기념하는 후식으로 '뿌리로 돌아감'을 읊은 노자『도덕경』한 구절을 선사합니다.

"완전한 비움에 이르십시오. 참된 고요를 지키십시오. 온갖 것 어울려 생겨날 때 나는 그들의 되돌아감을 눈여겨봅니다. 온갖 것 무성하게 뻗어 가나 결국 모두 그 뿌리로 돌아가게 됩니다. 그 뿌리로 돌아감은 고요를 찾음입니다. 이를 일러 제명을 찾아감이라 합니다. 제명을 찾아감이 영원한 것입니다. 영원한 것을 아는 것이 밝아짐입니다."

나의 명상 이야기

〈명상과 수행〉 수업을 듣고

나에게 명상은 '숨구멍'이다 - 열음

어릴 적부터 생각이 많았으나 생각을 제어하는 방식을 배우거나
스스로 깨치지 못했다. 나이를 먹으며 생각이 곱절로 많아지고
무거워지는데도 그저 무거운 생각에 짓눌려 머릿속이 점점
엉망이 되어갔다. 생각의 스위치가 있다면 좋을 텐데 하고
간절히 바랐다. 생각을 정리하려고 고민해 봐도 늘 부정적이고
나쁜 쪽으로 기울었다.

　　　그러던 와중에 〈명상과 수행〉 수업은 정말 고맙고 반가운
만남이었다. 명상이라는 걸 배우면 앞으로 내 생각을 차곡차곡
정리해 필요할 때만 꺼내 쓸 수 있을 거란 기대에 부풀었지만
현실은 녹록치 않았다. 20년 동안 단 1초도 생각을 멈춰본 적
없는 내가 이제 막 명상을 배워 5분, 10분 앉았다고 바로 그렇게
될 리 없었다. 생각을 멈추는 건 고사하고 가만히 앉아 있기도
힘들었다. 다리는 저리고 복식호흡에 숨이 가빠왔다. 그러던 내가
12주를 수련한 결과 이제는 잠시나마 숨 쉬는 감각에만 집중할
수 있게 되었다. 코를 통해 공기가 들어와 가슴을 타고 아랫배로,
손끝 발끝까지 찌르르 흐르는 느낌을 상상하거나 느끼며. 그리고
입으로 다시 공기가 빠져나가 손발의 혈관부터 닫히고, 몸에
남아있는 공기를 뱉어낸다.

　　　명상을 통해 나 혼자 있을 때 더 이상 스스로를 죽이는
나쁜 생각들을 무턱대고 견디는 것 말고 다른 가능성이

있다는 것을 보았다. 아직은 생각이 금방 흐트러지지만 꾸준히 명상한다면 나는 더더욱 힘찬 숨을 쉬며 살아가리라 믿는다.

나에게 명상은 숨구멍이다. 어지러운 머릿속에서 길 잃고 헤매다 결국 나쁜 생각에 숨구멍이 틀어 막힐 때, 나를 괴롭히는 소음을 차단하고 잠시나마 고요하게 만들어주는, 심신을 진정하고 한발 한발 천천히 생각의 늪에서 벗어나게 해주는, 막힌 숨구멍을 뚫어 숨 쉬게 해주는 방식이다.

명상은 '몸과 마음을 관통하는 것'이다 - 도노

옆 사람 배에서 꼬르륵 소리까지 선명하게 들리는 조용한
공간에서 자세를 잡고 앉아 들숨과 날숨의 흐름을 인지하고
그것에 집중하는 일은 꽤 흥미로우면서 답답한 행위였다.
생각이 비워지기는커녕 온갖 잡생각이 꼬리를 물었고,
발가락부터 다리가 저려오기 시작했다. 그럼에도 끝나고 나서는
몹시 개운하고 편안한 상태를 얻었다.

　　　나에게 명상은 잠시나마 몸과 마음을 한곳에 모으는
일이다. 명상시간만큼은 복잡하고 정신없던 일주일과 나를
돌아보고, 몸과 마음을 하나의 공간으로 가져오는 작업을 했다.
그리고 현재의 고민거리들을 생각하곤 했다. 명상을 하면서
문제가 해결되지는 않았지만, 흐트러져있던 문제들이 한눈에
보이게 차곡차곡 정리되는 느낌이었다. 그 연습이 도움이 됐는지
나는 명상시간 이외에도 해결해야 될 숙제에 접근하기 쉬워졌다.
평소 자신을 객관적으로 보는 일은 어렵지만 이번 수업을 통해
한 발 뒤로 물러나 불완전한 내 모습을 바라볼 수 있었다. 그
순간부터 나를 괴롭히던 문제들에서 벗어날 수 있었던 것 같다.
문제에 휘말려 그게 전부라고 생각했는데, 그 생각을 버리기로
하니 문제가 조금 가벼워졌다.

　　　한번은 아침에 깨어나 잠자리에 누운 채로 명상을
해보았다. 혹시 잠들까 걱정했지만 이 명상에서 정신은

깨어있는데 육체는 잠든 것처럼 움직이지 않는 경험을 했다. 피곤한 육체가 잠을 자는 상태를 정신은 깨어서 느낄 수 있었다. 명상수업을 전체를 통틀어 제일 편안하고 안정된 상태였다. 이 수업이 끝나도 살아가면서 몸과 마음이 복잡하고 싱숭생숭할 때마다 명상을 해봐야겠다.

나에게 명상은 '준비운동이자, 아이디어를 구현하는 방법'이다 - 오

춤추는 사람으로서 내 움직임에 군더더기가 없다는 확신은 아주 중요하다. 연습을 오래 하다 보면 확신을 얻으려고 집착하는 경우가 많다. 집착은 징크스로 옮겨가 나를 죄어온다. 연습 과정을 영상으로 찍어 모니터링할 때면 내 움직임의 오차나 문제점을 많이 발견하게 되고, 연습을 열심히 해도 모니터링 과정에서 만족감이 깨지는 경우가 많았다.

그런데 매일 밤 명상을 한 시점부터 춤의 성장 폭이 크고 성과가 많다는 것을 깨닫고 춤 연습 전에 명상을 해보았다. 그러고 보니 비보이 주티주트Zooty Zoot의 연습법이 명상과 유사해 보였다. 고난이도 기술을 연마하려면 반복연습을 하는데, 주티주트는 반복 횟수는 적어 보였지만, 고요한 상태에서 움직임을 정리하고 구상하는 과정을 연습 시간에 오래 할애했다. 그래서 대부분의 연습 시간을 정좌한 상태로 보내는데, 시선의 방향이 코끝을 지나 바닥을 향하는 것이 명상과 유사했다. 명상을 경험하고 나자, 그의 연습법에 관한 내용이 명상에 오버랩되었다.

명상으로 생각을 비워낸 후에는 움직임에 관한 강박적인 집착을 줄일 수 있었다. 춤 연습에 명상을 접목해 호흡에만 집중하거나 물구나무를 서서 집중하는 등의 시도도 해보았다.

복합적으로 전신 근육을 사용하는 비보잉은 목 뒤쪽이나 허리 위쪽처럼 자극점을 찾기 어려운 근육들을 동시에 활용하며 회전 중에 자기 상태를 빠르게 파악해야 한다. 생각이 많으면 판단이 느려지고, 근신경계 반응도 느려져 빠르고 정확하게 움직일 수 없다. 명상은 그런 부분을 줄여준다. 몸이 쉽게 지치지 않고 움직임이 효율적이며 에너지도 충분해진다. 강박이 사라지자 모든 일에 여유가 생겼다. 이제 나는 중요한 일을 앞두고는 의식처럼 명상을 한다. 나에게 명상은 소중한 준비운동이자, 아이디어를 구현하는 구체적인 방법이다.

명상은 '나를 사랑하는 법'이다 · 아름

인간에 대한 혐오가 커서 내 안에 사랑이라는 것이 남아있지
않은 기분이었다. 아무것도 사랑할 수 없을 것 같았고, 이
문제가 너무 커져서 매일 두통이 나고 감정이 꽉 막힌 듯했다.

언젠가 아침부터 밤까지 온종일 운 적이 있다. 그날은
수업 중에 명상을 하면서도 계속 울었다. 아마 명상이 아닌
다른 수업이었더라면 아침부터 시작된 감정을 대면하지 못하고
뒷전으로 미루다가 모르는 사이 내 몸 한구석에 쌓았을 것이다.
그동안은 매번 그런 식으로 살아왔다. 과거에 얽매여 앞으로
나아가지 못하고 내 안의 문제들을 정리하지 못했다. 나에게
명상은 휘몰아치는 감정과 생각들을 내 앞에 앉혀놓고 대면하는
작업이다. 내가 앉을 때마다 그것들이 함께 앉고, 나는 그것들을
하나씩 들여다보며 여러 번에 걸쳐 다듬어나간다. 내가 앉을
때마다 항상 같이 앉는 문제도 있고, 새롭게 생겨나는 것도, 잠깐
들렀다 가는 것도 있다.

수업 초반에는 복식호흡은커녕 편하게 호흡하는 것이
무엇인지도 몰랐지만 지금은 나의 페이스대로 복식호흡을 할 수
있게 되었다. 나를 괴롭게 한 생각들이 명상으로 온전히 해결된
것은 아니지만, 명상으로 단련된 마음의 근육 덕분에 맥없이
감정에 짓눌리는 상황에서 벗어날 힘이 생긴 것 같다.

나는 항상 삶에 충만함이 고팠는데, 이번 학기가 그

충만한 상태에 가장 가까이 도약한 시기인 것 같다. 나를 돌보는 방법이 막막했는데, 그건 사실 나를 사랑하고 끔찍하게 아끼는 마음에서 비롯된 생각이었다. 어떤 것도 두려워하지 않으며 나 자신을 용감하게 표현하고 싶은 마음의 바탕은 사실 나를 사랑하는 마음이었다. 나는 아무것도 사랑하지 않는 것이 아니라, 사랑하는 법을 몰랐던 것이다.

나에게 명상은 '희망'이다 - 박하

나에게 명상은 동아줄이었다. 명상과 알아차림을 통해
자유로움을 살짝 맛보았는데, 낯설고 깊은 삶의 생기를
경험했다. 위빠사나를 배우고 나서 마음이 시끄럽다는 사실을
곧장 알아차렸고, 싱잉볼 명상을 하면서는 판단하지 않고 내
마음을 지켜봤다. 그렇게 처음으로 나를 사랑해 봤다.

　　　학기 중후반에 마음이 너무 힘들어 학교 수업에 제대로
참석하지 못했음에도 명상수업은 빠지지 않으려고 했다. 내가
살 길이라고 느껴져서다. 명상수업 중에는 심연에 빠진 내게
물 한 컵이 내려오는 것 같았다. 그 물 한 컵으로 다시 하늘을
슬쩍 쳐다볼 수 있었다. 그렇다고 당장 마음이 괜찮아진 것은
아니었다. 살아온 시간 동안 축적된 것들이 한 번에 해방되길
바라는 것은 욕심일 수도 있었다. 그럼에도 하늘이 존재함을
아는 것만으로도 힘이 됐다. 내가 지금 괴로운 건 단지 몰라서일
뿐이라는 사실도. 무엇보다도 명상수업에 나를 꾸준히 데려간 건
바로 나였다. 내가 나를 살리려고 노력했구나, 지금은 뿌듯함도
느낀다.

　　　선생님은 바로 바뀌지 않아도 쌓인다고 반복해서
말씀하셨다. 물은 99도에서도 끓지 않으며 100도가 되어야
끓는다는 것. 걱정과 두려움, 고민과 기억이 몰아치더라도 계속
자리에 앉는 것의 힘. 나는 선생님의 그 말씀을 믿었고, 마지막

수업에 했던 명상에서는 잡념이 줄고 손도 흐트러지지 않았다. 이전보다 명상이 깊어졌다는 것을 확연히 느꼈고, 그 쾌감은 오래도록 남을 것 같았다.

　　나는 명상이 참 좋다. 이제 시작이지만, 남들보다 더 민감하고 마음에 관심이 많은 나는 언젠가 내 마음이 자유로워지면, 그래서 충분히 괜찮아지면, 사람들의 마음을 들여다보고 도움을 줄 수도 있지 않을까 기대해 본다.

명상은 '자각'이다 - 아하

올해도 명상수업을 들었다. 작년에는 수업 중에 걸핏하면 잠들고, 도저히 스스로를 통제할 수 없었다. 과제에 쫓기고, 잠을 자지 못했으며, 해야 하는 일을 회피하고 항상 후회했다. 좀 더 잘 살고 싶지만, 마음처럼 되지 않는 나를 원망했다. 그래도 혼란스럽거나 벼랑 끝에 몰린 것 같을 때면 명상이 생각났다. 그 순간만큼은 숨 쉬는 느낌을 받았고, 명상할 수 있다는 사실 자체가 안도감을 주었다.

올해도 나는 명상 중에 졸기도 하고, 꾸준하지도 못했지만 이제는 생각을 멈추고 나를 느낀다는 게 뭔지 알 것 같다. 지금부터라도 꾸준히 명상한다면 내년, 5년 후, 10년 후의 나는 어떨지 궁금하다. 느리지만 꾸준하게 변화하는 것이 목표다.

나는 나를 너무 잘 안다고 생각해서 힘들었고, 알면서도 바뀌지 않는 내가 답답했다. 하지만 지금은 내가 나를 너무 모른다는 것을 안다. 나는 단점 이외의 나를 전혀 알지 못했다. 무엇을 좋아하는지, 어떻게 살고 싶은지, 외부의 평가가 없는 나는 어떤 모습인지. 그래서 명상하며 계속 물어봤다. '나는 누구인가?', '나는 무엇으로, 어떻게 살고 싶은가?' 온갖 생각이 꼬리를 물었지만 질문에는 뾰족한 답이 없었다.

처음에는 그 상태가 답답하고 조바심 났다. 내가 나를

정확하게 모른다는 것을 깨닫자 갑자기 살얼음 위에 서있는 것처럼 불안했다. 그러자 수업 중에 선생님이 모든 잡념을 멈추고 '모를 뿐'이라는 임시방편을 외다 보면 깨달을 때가 온다고 하셨다. 그 얘기를 듣고 '나는 누구인가?', '모를 뿐'을 외자 불안이 사라졌다. 답을 얻지 못해 전전긍긍했던 때보다, 모른다는 사실을 인정하니 오히려 나 자신을 온전히 느낄 수 있었다. 결국 명상이란 답이 없음 자체를 느껴야 하는 것임을 경험했다. 나는 아직도 나를 모르겠고, 어떻게 살고 싶은지, 뭘 좋아하고 싫어하는지도 모를 때가 많지만, 전처럼 그 사실이 불안하지는 않다. 그저 모를 뿐이니, 모른다는 것을 느끼고 자각하다 보면 어느 순간 내 심지가 곧아져 있을 때가 올 거라고 생각한다.

명상은 '나를 경험하는 것'이다 - 니은

'사탕명상'을 하는 날, 선생님께서 커피사탕을 하나씩 손에
놔주셨다. 선생님은 절대 사탕을 깨먹지 말고 최대한 그 감각을
느껴보라고 하셨다. 나는 최대한 감각을 활용해 혀로 사탕을
굴리고 녹였다. 그러자 그 소리가 귓속에서 점점 크게 들려왔다.
여기 있는 모든 사람들이 시끄럽다고 하겠다 싶을 만큼
크게 들렸다. 귀의 감각만 남고, 순간 내가 없다고 느껴졌다.
그냥 어느 순간 내 세상은 입안이었고, 나는 혀이며 동시에
사탕이었다. 그렇게 내가 없어졌으면서도 동시에 모든 것이 된
상태, 그 순간 '내가 뭐하고 있지?' 라는 생각과 함께 이성의
끈이 막 돌아온 것 같다.

　　　사탕을 다 먹고 입안에 남은 커피향을 느껴보는
중이었다. 가부좌 상태에서 무릎과 허벅지 중간에 양손을
하나씩 올려두었는데 손이 없어진 느낌, 손도 다리도 아무
감각이 없었다. 그냥 공기가 된 느낌. 아무것도 느껴지지 않는데,
모든 게 선명하게 느껴졌다고 할까. 말로 표현하기 어렵다. 사실
이 순간은 매우 짧았다. 하지만 정말 강렬했다. 내가 알아차리고
있는 것을 알아차린 것. 이게 올해 가장 강렬한 경험으로 남을
것 같다.

　　　사실은 이 순간이 '내가 되고자 하는 나'와 가장 가깝지
않을까 싶었다. 모든 날이 온전한 내가 되는 과정이지만. 이

경험 당시 나는 정말 땅에 뿌리를 잘 내린 단단한 나무 같았다. 뿌리를 잘 내려 중심이 제대로 선 느낌. 모든 게 가볍지만 단단했다.

　　선생님은 명상이 '나를 경험하는 것'이라고 하셨다. 그리고 그것은 결국 '나를 어떻게 경험할 것인가'로 이어지는 것 같다. 그래서 나는 지금 내가 어떻든 그런 나를 존중하기로 했다. 바보인 나도, 조금 덜 행복한 나도, 게으른 나도, 명상만 하려 하면 잠드는 나도, 그러면서 또 고요한 나도 존중한다. 내 안에 있는 모든 나를 경험하고 존중할 것이다. 그러면서 조금 못났다고 생각한 나를 사랑하고 인정할 거다. 어떠한 모습이든 나를 사랑하는 것, 그게 나에 대한 믿음이라고 생각한다. 그 믿음으로 나는 내 삶의 중심에 있을 수 있다. 나에게 명상은 '나를 경험하는 것'이다. 바로 나를 '존중'하면서.

명상은 나다움으로 가는 질문이자 반조 - 까오 탕

(베트남 국적·프랑스 교환유학생)

명상수업에 처음 참여했을 때, 나는 약간의 회의감을 느낄
수밖에 없었다. 끝없는 자극과 산만함으로 가득 찬 현대
세계에서, 내 안에서 진정한 평화를 찾을 수 있을지 궁금했다.
그러나 첫 번째 명상 세션부터 나는 명상이 단순한 휴식 방법이
아니라 내면의 자아와 연결되는 심오한 과정임을 깨달았다.

명상은 느려지는 법을 배우는 것으로 시작한다. 초기에는
가만히 앉아서 생각을 멈추고 감정을 진정시키는 것이 매우
어려웠다. 때로는 육체적으로 지쳐 오랫동안 가만히 있을
수 없었다. 그러나 시간이 지남에 따라 나는 그러한 고요한
순간들이 나 자신을 진정으로 듣는 기회임을 깨닫기 시작했다.
나는 더 이상 단순히 '무언가를 하는' 것이 아니라 진정으로 매
순간을 살아가며, 모든 호흡과 심장 박동을 느끼고 있었다.

명상의 필수적인 측면은 마음챙김이다. 즉, 미래에 대한
걱정이나 과거의 부담에 휩쓸리지 않고 현재 일어나고 있는 일에
마음을 집중시키는 것이다. 처음에는 생각에 압도되지 않도록
하는 것이 믿을 수 없을 만큼 어려웠다. 눈을 감을 때마다,
생각의 흐름이 내가 만들려고 하는 평화로운 공간에서 끊임없이
끌어당기는 것 같았다. 그러나 인내와 연습을 통해 나는 그러한
생각들을 인식하고 점차 놓아버리는 법을 배웠다. 이러한

놓아버리는 과정은 나를 보이지 않는 사슬에서 해방시켜,
명상이 가져다주는 평화를 받아들이게 해주었다.

매 명상 세션은 독특한 경험이다. 때로는 마음이 가볍고
고요하며, 모든 스트레스가 증발한 것처럼 완전히 맑은 기분을
느낀다. 다른 때에는 강렬한 감정의 파도에 휩쓸리기도 하지만,
저항하는 대신 판단 없이 받아들이고 관찰하는 법을 배운다.
이것은 내 감정을 더 객관적으로 바라보고 감정이 내 행동을
지시하는 것을 막는 데 도움이 된다. 명상을 실천하면서
나는 그것이 단순한 스트레스 해소 기술이 아니라 나 자신과
주변 세계와 더 깊이 연결되는 방법임을 깨달았다. 명상은
자기 인식을 발전시키고, 느려지는 법을 배우고, 매 순간을
음미하는 데 도움이 되었다. 가장 중요한 것은 평화가 외부의
근원에서 오는 것이 아니라 내 영혼 안에서 온다는 것을 명상이
가르쳐주었다는 것이다.

장기적으로 이 명상 습관을 얼마나 일관되게 유지할 수
있을지는 확실하지 않지만, 한 가지 확실한 것은 명상이 나에게
새로운 세계를 열어주었다는 것이다. 내 안에서 평온을 찾을
수 있는 곳이다. 그리고 그것은 내가 결코 잊지 못할 소중한
선물이다.

명상은 사유와 창조 사이의 다리 - 마티아스

(프랑스 교환유학생)

교환학생 프로그램으로 한국에 오기 전까지, 나는 명상을 해본
적이 없고 요가와 같은 훈련을 탐구한 적이 없었다. 명상수업을
듣기로 선택했을 때, 그것은 순전히 호기심에서 비롯된
것이었다. 매주 나에게 좋은 영향을 미칠 것이라는 기대도
있었다. 프랑스 학생으로서 불교와 아시아 문화와 깊은 관련이
있는 명상을 한국에서 배운다는 것은 완벽한 기회이자, 최고의
환경에서 최고의 가르침을 받을 것 같은 기분이었다.

지난 4개월 동안, 명상은 나의 여행에 진정한 동반자가
되었다. 이 수업은 교재인『반려명상』을 읽고 토론하고 직접
명상수행을 통해 몸과 마음의 통증 관리와 자세 개선, 일상에서
실질적인 적용을 가능하게 해주었다. 깊은숨을 한 번 쉬는
것만으로도 다시 집중하고 몸을 인식할 수 있었다. 본래 불안한
성격을 가진 나는 이제 명상을 이용해 삶의 작은 도전과
스트레스가 많은 마감일을 극복하고 있다.

명상수업은 무엇보다 나 자신에게 이전에 하지 않았던
질문을 하는 소중한 기회가 되었다. 책의 특정 챕터들은 내게
특별한 공감을 주었으며, 특히 감정과 감각을 관리하는 내용이
마음에 와 닿았다. 나는 이전에 내 감정과 깊이 연결되지 않은
사람으로 여겼다. 강한 분노나 깊은 슬픔을 경험하지 않았기

때문이다. 나는 그것을 결점처럼 느끼며 더 느슨해져서 감정을 더 강하게 경험해야 한다고 생각했었다. 하지만 이 과정은 감각에서 한 걸음 물러나는 것이 진정한 힘이라는 것을 알게 해주었다. 내가 찾고 있는 모든 것은 이미 내 안에 있으며, 이런 깨달음은 나를 해방시켰다.

이 경험은 그래픽 디자이너로서 예술적 실천에 대한 생각에도 영향을 주었다. 나는 다시 재료와 연결되고, 손으로 작업하며, 오감을 완전히 인식하고자 한다. 이러한 의미 추구는 예술에서의 영성을 탐구하는 나의 논문에 새로운 통찰을 주었다. 마지막으로 수업 중에 몇 가지 토론을 통해 내가 과도한 외부 자극에 의존하고 있는 것과 이것이 종종 내가 온전히 존재하는 것을 방해한다는 사실을 알게 되었다. 이번 학기는 내가 성장하고, 나 자신을 더 잘 이해하며, 나 자신과 주변 세계와 더 조화롭게 사는 도구를 탐구할 수 있게 해주었다. 나는 개인 생활뿐만 아니라 예술적 실천에 대한 새로운 아이디어를 가지고 떠난다. 명상은 내적 사색과 창조 사이의 다리가 되었으며, 내 몸과 마음을 이해하는 데 도움을 주었다.

명상은 두 눈을 감고 마음으로 세상을 바라보는 것 - 도희

명상은 두 눈을 감고 세상을 바라보는 것이다. 혼자서 산책을 할 때, 지하철을 타러 갈 때, 아침에 일어나 명상하는 시간을 가질 때, 슬픔이 밀려올 때, 학교 옥상에서 혼자 누워 있을 때, 사랑하는 사람과 말없이 함께 있을 때, 열등감이 잠시 밀려올 때, 작업을 하다가 잠시 쉴 때, 무언가 하고 싶은 목표가 생겼을 때, 밤에 한강의 수면에 비친 빛들을 바라볼 때, 사무치게 그리울 때, 나무와 풀을 스치는 역동적인 바람의 흐름을 바라볼 때, 나는 종종 이럴 때 내 자신이 명상을 하고 있음을 느낀다.

들숨을 통해 코안으로 공기가 천천히 들어온다. 그 흐름이 나의 이마 안쪽, 정수리, 뒷덜미 순서로 곡선이 되어 훑은 뒤, 척추를 타고 골반과 엉덩이 그리고 발끝까지 전달된다. 그리고 그 흐름은 날숨을 통해 왔던 길을 다시 반대로 훑고 지나간다. 하얗고 따뜻하며, 부드러우면서도 응축된 힘을 가진 빛의 형태이다. 빠른 속도를 가지면서도 온몸 구석구석에 가서 충분히 닿을 수 있는 섬세한 빛의 형태이다. 명상을 할 때 나의 호흡은 어느덧 빛의 형태를 띠게 되었다. 두뇌가 확장되는 느낌이 있다. 두뇌 전체가 조금 위로 상승하며 들뜨는 느낌. 나의 정신이 완전히 집중된 상태가 된다. 아직은 그 느낌이 벅찰 때가 있지만, 평소 생각이 막히거나 해결해야 하는 문제가 생길 때 도움이 된다. 두려움이 용기로 바뀌는 순간인 것 같기도 하다.

최근에 처음으로 목탄을 활용하여 그림을 그렸던 적이 있다. 내 안에서 확장된 감정이나 느낌들이 어떤 회로도 거치지 않고 목탄 끝으로 분출해 나오는 느낌이었다. 마치 셀 수없이 수많은 별이 한정된 공간에서 점점 부풀어 팽창한 뒤, 점처럼 작은 구멍으로 순식간에 파악 분출해 나오는 느낌이었다. 아마도 그 그림을 그릴 때 나의 두뇌가 지속적으로 확장되어 있던 것 같다. 꽤 벅찬 기분이었으며, 감당하기 어려운 기분이기도 했다. 반면에 조금은 다른 확장되는 느낌이 있다. 마음이 확장되는 느낌이다. 이번엔 가슴의 정중앙에서 아래로 따뜻한 기운이 퍼진다. 약간의 무게를 가지고 있는 듯한 그 기운은 점차 아래를 향하여 주변으로 퍼진다. 감사함을 느낄 때, 따뜻한 사랑의 감정을 느낄 때, 언어가 아닌 마음으로 대화하고 있음을 느낄 때 오는 느낌이다. 편안함이라고도 표현될 수 있을 것 같다. 그 마음이 일정 시간 지속되면 따뜻하며 강인한 뿌리가 내 몸 밑으로 내려지는 기분이다.

명상이라는 친구가 나에게 찾아온다. 날 달래주기도 혼내기도 한다. 참 웃긴 일이다. 그래도 그럴 줄 알아 다행이다. 이제는 안다. 질투하는 것 자체가 힘들었던 게 아니라, 질투하는 걸 거부했기에 힘들었음을 안다. 화를 내는 것 자체가 힘들었던 게 아니라, 화가 나는 내 자신을 거부했기에 힘들었음을 안다. 좁은 마음인 것 자체가 힘들었던 게 아니라, 좁은 마음을 거부했기에 힘들었음을 안다. 명상이라는 친구는 나에게 찾아와, 질투를, 화를, 좁은 마음을, 두려움을 있는 그대로 받아들일 수 있도록 도움을 준다. 편안한 마음은 그 뒤에 자연스레 찾아온다. 요즘 명상은 말해준다. 이제 충분히 친구들과 더 놀고, 충분히 사랑도 하고, 충분히 슬퍼하고, 충분히 투정도 부려보라고 한다. 그렇게 충분히 삶을 음미하며 살아가라 한다. 나에게 명상은 두 눈을 감고 마음으로 세상을 바라보는 것이다.

자유자재할 유遊

조금씩 더 자유롭게, 아름답게

열두 숨을 다 쉬었다.

명상에 대한 마음의 거리가 조금은 가까워졌을까? 지금 필자와
마음의 눈빛을 나누는 독자의 숨결이 궁금하다. 이 숨을 쉬기
전보다 조금은 편안한 숨을 쉬고, 명상이 조금 더 친근하게
느껴진다면 참 좋겠다. 명상이 일 년에 한두 번 어렵게 약속해서
만나는 친구가 아니라 일상을 나누는 아주 가깝고 편한 친구로
자리매김하기를 바라는 마음으로 이 글을 정리했다. 책 제목이
된 '반려명상'은 그렇게 어느 날 자연스럽게 선명해졌다.

반려명상은 사랑하는 반려동물처럼, 아름다운 반려식물처럼 늘

나와 함께 하고, 내가 힘들 때 언제든 말없이 기대고 쉴 수 있는 내편이자 지친 나를 쓰다듬고 토닥여 일으켜 세워주는 든든한 파트너.

이제는 안다. 나를 둘러싼 온갖 것들이 다 숨통이 될 수 있다는 것을. 벽이 아닌 길이라는 것을. 온전히 숨이 머무는 곳은 어디나 다 선방이요, 지성소요, 구원이다.

> 숨으로 나를 본다.
> 숨 쉬는 나를 본다.
> 숨이 나다.

명상은 내가 숨과 하나 되는 일이다. 하나 되면 자유가 영근다. 자유하면 모든 게 놀이가 되고, 새로운 것을 알게 되는 공부가 된다. 놀 유遊는 자유자재自由自在함이다.

"명상이 그대를 자유롭게 하리라."

『녹명경(鹿鳴輕)』 1장 1절

명상을 반려로 삼는 길벗 모두가 조금씩 더 자유롭게,

아름답게 자기 삶의 주인공으로 우뚝 서기를 소망하며 글을
닫는다. 부디 '유유遊遊 반려명상'으로 복잡다난複雜多難한 삶이
유희삼매遊戲三昧하는 놀이마당이 되기를 간절히 손 모은다.

遊遊 녹명

나에게 명상은 (   )이다.

_____

_____

_____

_____

_____

_____

_____

_____

_____

_____

_____

_____

_____

나의 반려명상 100일 수행 시트

				년 월 일 ～			년 월 일		
1	2	3	4	5	6	7	8	9	10
11	12	13	14	15	16	17	18	19	20
21	22	23	24	25	26	27	28	29	30
31	32	33	34	35	36	37	38	39	40
41	42	43	44	45	46	47	48	49	50
51	52	53	54	55	56	57	58	59	60
61	62	63	64	65	66	67	68	69	70
71	72	73	74	75	76	77	78	79	80
81	82	83	84	85	86	87	88	89	90
91	92	93	94	95	96	97	98	99	100

함께 읽으면 좋은 책들

강상중,『구원의 미술관』(사계절, 2016)

길희성 역주,『바가바드기타』(서울대학교출판문화원, 2010)

김상봉,『서로주체성의 이념』(길, 2007)

김상환,『왜 칸트인가』(21세기북스, 2019)

김성구,『아인슈타인의 우주적 종교와 불교』(불광출판사, 2018)

김용호,『제3의 눈』(돌베개, 2011)

김진묵,『세계명상음악 순례』(정신세계사, 2006)

김진택,『가치를 디자인하라』(한국경제신문, 2017)

대니얼 골먼, 리처드 J. 데이비드슨,『명상하는 뇌』, 김완두, 김은미 옮김 (김영사, 2022)

데니스 겐포 머젤,『빅 마인드』추미란 옮김 (정신세계사, 2018)

데이비드 빈센트,『낭만적 은둔의 역사』, 공경희 옮김 (더퀘스트, 2022)

데이비드 무어,『경험은 어떻게 유전자에 새겨지는가』, 정지인 옮김 (아몬드, 2023)

루키우스 세네카,『화에 대하여』, 김경숙 옮김 (사이, 2013)

말로 모건,『무탄트 메시지』, 류시화 옮김 (정신세계사, 2003)

박권,『일어날 일은 일어난다』(동아시아, 2021)

발타자르 토마스,『비참할 땐 스피노자』, 이지영 옮김 (자음과 모음, 2013)

배철현,『심연』(21세기북스, 2016)

베네딕투스 데 스피노자,『에티카』, 조현진 옮김 (책세상, 2006)

브라이언 매기,『바그너와 철학-트리스탄 코드』, 김병화 옮김 (심산, 2005)

석지현 역주,『우파니샤드』(일지사, 1996)

성소은,『경전7첩반상』(판미동, 2015)

스와미 사라다난다,『호흡의 힘』, 김재민 옮김 (판미동, 2010)

스티븐 내들러,『삶과 죽음에 대한 스피노자의 지혜-죽음은 최소한으로 생각하라』,
아닐 세스,『내가 된다는 것-데이터, 사이보그, 인공지능 시대에 인간 의식을 탐험하다』,
장혜인 옮김 (흐름출판사, 2022)

안토니오 다마지오,『느끼고 아는 존재』, 고현석 옮김 (흐름출판, 2021)

연아람 옮김 (민음사, 2022)

에리히 프롬, 스즈키 다이세츠, 리처드 마르티노,『선과 정신분석』, 김혜원 옮김 (문사철,
2023)

에픽테토스,『어떻게 자유로워질 것인가? 엥케이리디온-대화록』, 안남규 옮김 (아날로그, 2020)

오강남 풀이,『도덕경』(현암사, 1995)

오강남 풀이,『살아계신 예수의 비밀의 말씀-도마복음』(김영사, 2022)

오강남 풀이,『장자』(현암사, 1999)

오강남·성소은,『나를 찾아가는 십우도 여행』(판미동, 2021)

유시민,『문과 남자의 과학 공부』(돌베개, 2023)

윤석산 역주,『동경대전』(모시는사람들, 2014)

임마누엘 칸트,『판단력비판』, 백종현 옮김 (아카넷, 2009)

전현수,『사마타와 위빠사나-정신과 의사의 체험으로 보는』(불광출판사, 2015)

재커리 시거,『어떤 고독은 외롭지 않다』, 박산호 옮김 (인플루엔설, 2023)

제임스 밀러,『성찰하는 삶』, 박중서 옮김 (현암사, 2012)

제임스 레드필드,『천상의 예언 그리고 모험』, 주혜경 옮김 (판미동, 2013)

존 카밧진,『왜 마음챙김 명상인가?』, 엄성수 옮김 (불광출판사, 2019)

카를로 로벨리,『나 없이는 존재하지 않는 세상』, 김정훈 옮김 (쌤앤파커스, 2023)

파르마한사 요가난다,『카르마와 환생』, 이현주 옮김 (삼인, 2023)

페터 슈포르크,『인간은 유전자를 어떻게 조종할 수 있을까』, 유영미 옮김 (갈매나무, 2013)

프레데릭 르누아르,『행복을 철학하다』, 양영란 옮김 (책담, 2014)

프리드리히 니체,『비극의 탄생』, 박찬국 옮김 (아카넷, 2007)

필립 자코테,『순례자의 그릇-조르조 모란디』, 임희근 옮김 (마르코폴로, 2022)

최광진,『미학적 인간으로 살아가기』(현암사, 2020)

한성,『조화 조식-석문호흡의 비밀』, 현광 엮음 (석문출판사, 2008)

반려명상

2024년 4월 25일 초판 1쇄 펴냄
2025년 5월 25일 개정판 1쇄 펴냄

지은이   성소은
펴낸이   김경섭
펴낸곳   도서출판 삼인
전화   02-322-1845
팩스   02-322-1846
이메일   saminbooks@naver.com
등록   1996년 9월 16일 제25100-2012-000046호
주소   (03716) 서울시 서대문구 성산로 312 북산빌딩 1층

디자인   한누리 (@406.ecke)
일러스트 한누리 (@406.ecke)
제작   수이북스

ISBN   978-89-6436-282-2(03180)